M000216390

The Magic Ginseng Tree
神奇的人参树

A Story in Simplified Chinese and Pinyin,
1200 Word Vocabulary Level

Book 10 of the *Journey to the West* Series

Written by Jeff Pepper
Chinese translation by Xiao Hui Wang

Book design by Jeff Pepper
Cover design by Katelyn Pepper
Illustrations by Next Mars Media

ISBN: 978-1952601996

ACKNOWLEDGMENTS

We are deeply indebted to the late Anthony C. Yu for his incredible four-volume translation, *The Journey to the West* (1983, revised 2012, University of Chicago Press).

Many thanks to Choo Suan Hee for his help in reviewing the manuscript, and the team at Next Mars Media for their terrific illustrations.

AUDIOBOOK

A complete Chinese language audio version of this book is available free of charge. To access it, go to YouTube.com and search for the Imagin8 Press channel. There you will find free audiobooks for this and all the other books in this series.

You can also visit our website, www.imagin8press.com, to find a direct link to the YouTube audiobook, as well as information about our other books.

PREFACE

This book is based on chapters 24, 25 and 26 of *Journey to The West* (西游记, xī yóu jì), an epic novel written in the 16th Century by Wu Chen'en. *Journey to The West* is loosely based on an actual journey by the Buddhist monk Tangseng (called Xuanzang and Sanzang in earlier books), who traveled from the Chinese city of Chang'an westward to India in 629 A.D. and returned 17 years later with priceless knowledge and texts of Buddhism. Over the course of the book the band of travelers face the 81 tribulations that Tangseng had to endure to attain Buddhahood. Each book in our *Journey to the West* series covers a short section of the original 2,000-page novel.

We have now arrived at the tenth book in the series. The monk Tangseng and his disciples have been traveling for two or three years. They arrive at a secluded mountain monastery which turns out to be the home of a powerful master Zhenyuan and an ancient and magical ginseng tree. As usual, the travelers' search for a nice hot meal and a place to sleep quickly turns into a disaster. Zhenyuan has gone away for a few days and left his two youngest disciples in charge. They welcome the travelers, but soon there are misunderstandings, arguments, battles in the sky, and before long the travelers are facing a powerful and extremely angry adversary, as well as mysterious magic fruits and a large frying pan full of hot oil.

As the journey progresses (and as the storyteller gets

deeper into his story), we are starting to see a change in the dynamics of this little band of travelers. When the journey began, the monk Tangseng was clearly the leader, having been chosen by the Emperor Taizong and commanded to journey to Thunderclap Mountain in India, retrieve sacred Buddhist texts, and bring them back to the Tang Empire. Shortly after he began the journey, Tangseng rescued the monkey king Sun Wukong. The monkey was extremely powerful but also undisciplined and, at times, foolish.

But now that we are moved deeper into the story, things are changing. Leadership of the band has shifted subtly to Sun Wukong. The monkey king is still extremely powerful (and still has a habit of insulting people regardless of their rank), but his early recklessness and foolishness have disappeared and been replaced by a strong sense of command. In nearly every situation, it is Sun Wukong who decides what to do.

Conversely, the monk Tangseng has become weaker and more dependent on his senior disciple. Although Tangseng is supposedly wise, being the incarnation of Buddha's disciple the Golden Cicada, he displays his wisdom less and less as time goes on. Often he appears weak and foolish. He is afraid of everything – mountains, forests, wild animals, and of course the numerous monsters and demons that the travelers encounter as they follow the ancient Silk Road through the wilds of Western China. But Tangseng is also quite foolish. At one point when he mistakes a magic fruit for a newborn baby, one of Zhenyuan's disciples chides him, saying "you have eyes but you cannot see". At other times he faints, he falls off his horse, and he is rendered speechless when confronted with a need to make a decision.

As a result, Sun Wukong evolves to be the expedition leader, protecting Tangseng and playing the role of the devoted disciple, but we get the sense that he does not really respect the monk all that much.

All of the stories in this series are all written in simple language suitable for intermediate Chinese learners. Our core vocabulary is 1,200 words, made up of the 600 words of HSK-3 plus another 600 or so words that were introduced in the previous books of the series. The entire vocabulary is in the glossary at the back of the book.

Whenever we introduce a new word or phrase, it's defined in a footnote on the page where it first appears, and also appears in the glossary.

In the main body of the book, each page of Chinese characters is matched with a facing page of pinyin. This is unusual for Chinese novels but we feel it's important. By including the pinyin, as well as a full English version and glossary at the end, we hope that every reader, no matter what level of mastery they have of the Chinese language, will be able to understand and enjoy the story we tell here.

Careful readers will notice that the English translation sometimes doesn't exactly match the Chinese. This is because we've tried to express the story in both languages in the most natural style, and sometimes it's just not possible (or desirable) to translate word-for-word from

9

one language to the other.

Please visit our website, www.imagin8press.com, which contains a link to the full (and free) audio recording of this book. You can also sign up to be notified about new books in this series as they become available.

We hope you like this book, and we'd love to hear from you! Write us at info@imagin8press.com.

Jeff Pepper and Xiao Hui Wang
Pittsburgh, Pennsylvania, USA
February 2020

The Magic Ginseng Tree

神奇的人参树

Shénqí De Rénshēn Shù

Wǒ qīn'ài de háizi, jīntiān wǎnshàng wǒ yào gěi nǐ jiǎng shénqí de rénshēn shù de gùshì. Nǐ kěnéng yǐjīng zhīdào shénme shì rénshēn. Tā hěn xiǎo, zhǎng zài sēnlín lǐ. Nǐ bàba zài nàlǐ zhǎo rénshēn gēn, māmā yòng tāmen zuò yào chá. Dànshì jīntiān wǎnshàng wǒ yào gàosù nǐ yígè lìng yì zhǒng rénshēn shù de gùshì. Zhè lìng yī zhǒng rénshēn shù shì mó shù, tā láizì tiāngōng. Dāngrán, Tángsēng de túdìmen zài kàndào zhè kē shù de shíhòu zhǎole hěnduō máfan!

Tángsēng qízhe mǎ hé tā de sān gè túdì zài dà Sīchóu Lù shàng xiàng xī zǒu, zhè sān gè túdì shì qiángdà dàn hěn máfan de hóu zǐ Sūn Wùkōng, hěn è de Zhū Bājiè hé hǎoxīn de Shā Wùjìng.

Yǒu yìtiān, tāmen lái dàole yīzuò gāoshān. "Xiǎoxīn," Tángsēng shuō, "zhè zuò shānshàng kěnéng yǒu yāoguài."

神奇的人参树

我亲爱的孩子，今天晚上我要给你讲神奇的人参[1]树的故事。你可能已经知道什么是人参。它很小，长在森林里。你爸爸在那里找人参根[2]，妈妈用它们做药茶。但是今天晚上我要告诉你一个另一种人参树的故事。这另一种人参树是魔树，它来自天宫。当然，<u>唐僧</u>的徒弟们在看到这棵树的时候，找了很多麻烦！

<u>唐僧</u>骑着马和他的三个徒弟在<u>大丝绸路</u>上向西走，这三个徒弟是，强大但很麻烦的猴子<u>孙悟空</u>，很饿的<u>猪八戒</u>和好心的<u>沙悟净</u>。

有一天，他们来到了一座高山。"小心，"<u>唐僧</u>说，"这座山上可能有妖怪。"

---

[1] 人参　rénshēn – ginseng
[2] 根　　gēn – root

Dànshì Sūn Wùkōng zhǐshì huídá: "Shīfu, nín hàipà shénme? Nín yǒusān gè qiángdà de túdì lái bǎohù nín. Búyòng dānxīn!"

Zhè zuò shān hěn měilì, shānxià de shù shàng cǎo zhōng yǒu hěnduō hěnduō de niǎo, hóuzi hé dòngwù. Shāndǐng zhí xiàng tiānkōng, dōu shì báixuě. "Zhè zuò shān zhēn měilì!" Tángsēng shuō: "Kěnéng wǒmen yǐjīng jìn Léi Yīn Shān le!"

Dànshì Sūn Wùkōng zhǐshì xiàozhe shuō: "Duìbùqǐ, shīfu, dànshì wǒmen hái yǒu shí wàn bāqiān lǐ de lù."

"Wǒmen dào nàlǐ hái yào duō cháng shíjiān?" Zhū Bājiè wèn.

"Wǒ qù Léi Yīn Shān, kěyǐ yìtiān láihuí wǔshí cì. Nǐ hé Shā Wùjìng kěyǐ shí tiān dào nàlǐ. Dànshì shīfu, jiù bùyào wèn wǒ le!"

"Duōjiǔ?" Tángsēng wèn.

但是孙悟空只是回答："师父，您害怕什么？您有三个强大的徒弟来保护您。不用担心！"

这座山很美丽，山下的树上草中有很多很多的鸟，猴子和动物。山顶直向天空，都是白雪。"这座山真美丽！" 唐僧说："可能我们已经近雷音山了！"

但是孙悟空只是笑着说："对不起，师父，但是我们还有十万八千里的路。"

"我们到那里还要多长时间？"猪八戒问。

"我去雷音山，可以一天来回五十次。你和沙悟净可以十天到那里。但是师父，就不要问我了！"

"多久？"唐僧问。

"Cóngxiǎo háizi kāishǐ zǒulù, yìzhí zǒu dào nín lǎo le, ránhòu sǐ le zài chūshēng, ránhòu jìxù zǒu. Zhèyàng zuò yìqiān cì, nín kěnéng háishì hěn nán zǒu dào léi yīn shān. Dànshì hái yǒu lìng yī zhǒng bànfǎ. Rúguǒ nín xuéhuì le yòng fú qù kàn měi yí jiàn shìqing, dāng nín de měi yígè xiǎngfǎ dōu néng huí dào kāishǐ de dìfāng, nín jiù huì dào nàlǐ."

Tángsēng hé qítā de túdì jìng jìng de zǒu le yīduàn lù. Zuìhòu Shā Wùjìng shuō: "Hǎo ba, tā háishì yīzuò měilì de shān. Wǒ juédé tā yídìng shì yígè hǎorén de jiā, huòzhě kěnéng háishì yígè shénxiān de jiā."

Wǒ de háizi, wǒ bìxū gàosù nǐ, Shā Wùjìng shì duì de. Zhè zuò shān de míngzì jiào Chángshòu Shān. Zài shān de yìbiān shì yīgè jiào Wǔ Zhuāng Guān de dàojiā sìmiào. Sìmiào de zhǔrén shì yígè dàxiān, jiào Zhènyuánzǐ, yě jiào Yǔ Shì Tóngjūn. Dàshī de sìshíbā gè túdì yě zhù zài sìmiào lǐ.

Zhè zuò sìmiào yǒu hěn tèbié de dōngxī. Zài sìmiào zhōngjiān de huā

"从小孩子开始走路，一直走到您老了，然后死了再出生，然后继续走。这样做一千次，您可能还是很难走到雷音山。但是还有另一种办法。如果您学会了用佛去看每一件事情，当您的每一个想法都能回到开始的地方，您就会到那里。"

唐僧和其他的徒弟静静地走了一段路。最后沙悟净说："好吧，它还是一座美丽的山。我觉得它一定是一个好人的家，或者可能还是一个神仙的家。"

我的孩子，我必须告诉你，沙悟净是对的。这座山的名字叫长寿山。在山的一边是一个叫五庄观的道家寺庙。寺庙的主人是一个大仙，叫镇元子，也叫与世同君。大师的四十八个徒弟也住在寺庙里。

这座寺庙有很特别的东西。在寺庙中间的花

yuán li yǒuyī kē dà rénshēn shù. Zhè kē shù sānqiān nián kāi yícì huā. Sānqiānnián yǐhòu cái yǒu guǒzi, zàiguò sānqiānnián guǒzi cái chéngshú. Suīrán zhè kē shù hěn dà, dàn zài jiǔqiān nián yǐhòu zhǐ zhǎngle sānshí gè chéngshú de guǒzi. Zhèxiē guǒzi hěn qíguài, měi gè guǒzi kàn qǐlái xiàng yígè gāng chūshēng de háizi, yǒu yígè tóu, liǎng zhī shǒubì hé liǎng tiáo tuǐ. Dànshì zhè zhǒng guǒzi yǒu qiángdà de mófǎ: Zhǐyào chī yígè guǒzi, jiù kěyǐ huó sì wàn qìqiān nián.

Tángsēng hé tā de túdì lái dào chángshòu shān de nàtiān, Zhènyuánzǐ dàshī bùzài jiālǐ. Tiāngōng de yí wèi xiānrén qǐng tā qù tīng jiǎng dào, suǒyǐ tā dài le sìshíliù gè túdì qù le tiāngōng. Tā gàosù liǎng gè zuìxiǎo de túdì, Qīngfēng hé Míngyuè, liú zài sìmiào lǐ. Tāmen liǎng gè dōu hái hěn niánqīng. Qīngfēng yǐqián sānbǎi èrshí suì, Míngyuè zhǐyǒu yìqiān èrbǎi suì.

Zhènyuánzǐ dàshī duì liǎng gè túdì shuō: "Wǒ bìxū qù tīng zhè

18

园里有一棵大人参树。这棵树三千年开一次花。三千年以后才有果子，再过三千年果子才成熟[3]。虽然这棵树很大，但在九千年以后只长了三十个成熟的果子。这些果子很奇怪，每个果子看起来像一个刚出生的孩子，有一个头，两只手臂和两条腿。但是这种果子有强大的魔法：只要吃一个果子，就可以活四万七千年。

唐僧和他的徒弟来到长寿山的那天，镇元子大师不在家里。天宫的一位仙人请他去听讲道，所以他带了四十六个徒弟去了天宫。他告诉两个最小的徒弟，清风和明月，留在寺庙里。他们两个都还很年轻。清风一千三百二十岁，明月只有一千二百岁。

镇元子大师对两个徒弟说："我必须去听这

---

[3] 成熟　chéngshú – ripe

táng kè. Wǒ zǒu de zhè duàn shíjiān lǐ, nǐmen liǎng gè zhàogù sìmiào. Wǒ de yígè lǎo péngyǒu hěn kuài jiù yào dào le. Tā shì cóng táng huángdì nàlǐ lái de shèng sēng. Hǎohǎo zhàogù tā. Nǐmen kěyǐ gěi tā liǎng gè rén shēn shù shàng de guǒzi. Dànshì zhǐyǒu liǎng gè, bùnéng zài duō le."

Dàshī zhuǎnshēn zǒu le, ránhòu tā tíng le xiàlái yòu shuō, "A, hái yǒu yí jiàn shìqing. Zhège héshàng huì hé tā de túdì yīqǐ lái. Yào xiǎoxīn, yīnwèi wǒ tīng shuō zhèxiē túdì kěnéng huì zhǎo máfan. Búyào gàosù tāmen nàxiē guǒzi huò nà kē shù, rúguǒ tāmen tīng dào zhèxiē shìqing, kěnéng huì zhǎo máfan!" Ránhòu tā hé tā de qítā túdì fēi dào tiāngōng qù tīng kè le.

Dì èr tiān, Tángsēng hé tā de sān gè túdì lái dào le sìmiào. Sìmiào zài sēnlín zhōngjiān, yǒu yìtiáo zhú lù lián xiàng qiánmén. Tángsēng cóng tā de mǎshàng xiàlái. Tāmen zǒuguò qiánmén, lái dào dì èr shàn mén. Zài dì èr shàn mén wài de dìshàng yǒu yíkuài dà shítou, shàngmiàn xiězhe zhèxiē huà:

堂课。我走的这段时间里，你们两个照顾寺庙。我的一个老朋友很快就要到了。他是从唐皇帝那里来的圣僧。好好照顾他。你们可以给他两个人参树上的果子。但是只有两个，不能再多了。"

大师转身走了，然后他停了下来又说："啊，还有一件事情。这个和尚会和他的徒弟一起来。要小心，因为我听说这些徒弟可能会找麻烦。不要告诉他们那些果子或那棵树，如果他们听到这些事情，可能会找麻烦！"然后他和他的其他徒弟飞到天宫去听课了。

第二天，唐僧和他的三个徒弟来到了寺庙。寺庙在森林中间，有一条竹路连向前门。唐僧从他的马上下来。他们走过前门，来到第二扇门。在第二扇门外的地上有一块大石头，上面写着这些话：

Chángshēng bùlǎo,

zhège chángshēng de dàojiā

hé tiān yíyàng nián suì.

Sūn Wùkōng shuō: "Shuō dàhuà! Wǔbǎi nián qián,

dāng wǒ zài tiāngōng zhǎo máfan de shíhòu, wǒ

qùguò xǔduō hǎorén de jiā, jiùshì zài Tàishàng Lǎo jūn

de jiāzhōng, yě cónglái méiyǒu tīngguò zhèyàng

dehuà."

"Búyào tīng tā dehuà," Zhū Bājiè shuō. "Ràng wǒmen

jìnqù jiàn zhè wèi lǎo dào ren."

Dāng tāmen zǒuguò dì èr shàn mén de shíhòu,

Míngyuè hé Qīngfēng lái jiàn le tāmen, shuō, "Lǎoshī

fu, qǐng yuánliàng wǒmen lái wǎn le! Qǐng jìnlái."

Lǐmiàn yǒu wǔ gè dà fángjiān. Tángsēng hé tā de túdì

men gēnzhe tāmen jìnrù zhōngjiān de zhǔyào

fángjiān. Zài hòumiàn de qiáng shàng, yǒu yòng wǔ

zhǒng yánsè xiù de liǎng gè dàzì "tiān" hé "de".

长生不老，

这个长生的道家

和天一样年岁。

孙悟空说："说大话！五百年前，当我在天宫找麻烦的时候，我去过许多好人的家，就是在太上老君的家中，也从来没有听过这样的话。"

"不要听他的话，"猪八戒说。"让我们进去见这位老道人。"

当他们走过第二扇门的时侯，明月和清风来见了他们，说："老师父，请原谅我们来晚了！请进来。"里面有五个大房间。唐僧和他的徒弟们跟着他们进入中间的主要房间。在后面的墙上，有用五种颜色绣的两个大字'天'和'地'。

有用五种颜色绣的两个大字
'天'和'地'。

Yǒu yòng wǔ zhǒng yánsè xiù de liǎng gè
dàzì 'tiān' hé 'de'.

Two large characters, 'Heaven' and
'Earth', were embroidered
in five colors.

Tángsēng kàn le yīhuǐ'er nà liǎng gè zì, ránhòu zhuǎnshēn duì nà liǎng gè niánqīng rén shuō, "Nǐmen de sìmiào zhēnshì yīgè měilì de dìfāng! Dànshì wèishéme zài qiáng shàng zhǐ xiě tiān hé dì ne? Nǐmen búshì xiāngxìn Sān Qīng, Sì Shén, huò hěnduō tiānwáng ma?"

Yí wèi niánqīng rén huídá: "Sān Qīng hé Sì Shén shì wǒmen lǎoshī de péngyǒu, tiānwáng shì tā de niánqīng tóngshì. Wǒmen yòng tiān zhège zì lái chēngzàn tāmen."

"Nà nǐ de lǎoshī xiànzài zài nǎlǐ?"

"Wǒmen de lǎoshī bèi qǐng qù tiāngōng de gōngdiàn lǐ tīngjiǎng dàole. Tā bú zàijiā."

Sūn Wùkōng dà xiàozhe hǎn dào: "Tīng tīng zhège bèn háizi! Shuí qǐng tā de shīfu qù tiāngōng le? Tā qù tīng shénme kè le?"

Tángsēng dānxīn Sūn Wùkōng huì shēngqì zhǎo máfan, suǒyǐ tā shuō, "Wùkōng, mǎshàng tíngzhǐ. Dào wàimiàn qù gěi mǎ chī cǎo.

唐僧看了一会儿那两个字，然后转身对那两个年轻人说："你们的寺庙真是一个美丽的地方！但是为什么在墙上只写天和地呢？你们不是相信三清，四神，或很多天王吗？"

一位年轻人回答："三清和四神是我们老师的朋友，天王是他的年轻同事。我们用天这个字来称赞[4]他们。"

"那你的老师现在在哪里？"

"我们的老师被请去天宫的宫殿里听讲道了。他不在家。"

孙悟空大笑着喊道："听听这个笨孩子！谁请他的师父去天宫了？他去听什么课了？"

唐僧担心孙悟空会生气找麻烦，所以他说："悟空，马上停止。到外面去给马吃草。

---

[4] 称赞　chēngzàn – to flatter

Shā, zhàogù hǎo xínglǐ. Zhū, cóng wǒmen de bāo lǐ ná xiē mǐ. Wǒmen kěyǐ wèi zìjǐ zhǔnbèi xiē wǎnfàn, gěi zhèxiē niánqīng rén yīdiǎn shāohuǒ mùtou de qián, ránhòu wǒmen huì líkāi. Wǒmen bú huì zài máfan tāmen le."

Zhè yǐhòu, liǎng gè niánqīng rén gěi Tángsēng sòng chá. Ránhòu tāmen jìn lìng yīgè fángjiān qù shuōhuà. Qīngfēng shuō: "Wǒ bù xǐhuān zhèxiē rén, dànshì wǒmen bìxū tīng wǒmen shīfù de. Wǒmen bìxū gěi Tángsēng liǎng gè rénshēnguǒ." Suǒyǐ tāmen qù le huāyuán, Qīngfēng pá dào shù shàng. Tā yòng xiǎo jīn bàng qīng qīng de dǎ zài yígè rénshēnguǒ shàng. Zài rénshēnguǒ diào dào dìshàng qián, Míngyuè yòng sīchóu shǒupà jiēzhù le tā. Qīngfēng yòu dǎ le lìng yígè rénshēnguǒ, Míngyuè yòng shǒupà jiēzhù le.

Liǎng gè niánqīng rén huí dào Tángsēng nàlǐ, gěi tā kàn le liǎng gè rénshēnguǒ, shuō: "Dàshī, wǒmen méiyǒu shénme gěi nín, zhǐyǒu zhèxiē zhǎng zài sìmiào lǐ de guǒzi. Xīwàng nín xǐhuān!"

Tángsēng dītóu kànzhe rénshēnguǒ, tāmen kàn qǐlái jiù xiàng gāng chū

沙，照顾好行李。猪，从我们的包里拿些米。我们可以为自己准备些晚饭，给这些年轻人一点烧火木头的钱，然后我们会离开。我们不会再麻烦他们了。"

这以后，两个年轻人给唐僧送茶。然后他们进另一个房间去说话。 清风说："我不喜欢这些人，但是我们必须听我们师傅的。我们必须给唐僧两个人参果。"所以他们去了花园，清风爬到树上。他用小金棒轻轻地打在一个人参果上。在人参果掉到地上前，明月用丝绸手帕接住了它。 清风又打了另一个人参果，明月用手帕接住了。

两个年轻人回到唐僧那里，给他看了两个人参果，说："大师，我们没有什么给您，只有这些长在寺庙里的果子。希望您喜欢！"

唐僧低头看着人参果，它们看起来就像刚出

shēng de háizi. Tā de yǎnjīng biàn dà, zuǐ zhāng kāi, tā xiàng hòu táo le sān chǐ. "Zhè tài kěpà le! Shì yīnwèi nǐmen de shíwù tài shǎo, nǐmen cái yídìng yào chī xiǎo háizi ma? Nǐ zěnme néng bǎ zhèxiē gěi wǒ?"

Liǎng gè niánqīng rén xīnlǐ zài xiǎng: "Zhège bèn héshàng yǒu yǎnjīng, dàn tā kàn bújiàn." Míngyuè dàshēng shuō: "Dàshī, búyòng dānxīn, zhèxiē búshì xiǎo háizi. Tāmen shì rénshēnguǒ. Tāmen huì dài gěi nín jiànkāng hé chángshēng. Nín kěyǐ chī tāmen!"

"Bù, wǒ bùnéng! Tāmen de bàba māma bǎ zhèxiē xiǎo háizi dài dào zhège shìjiè. Nǐ zěnme néng bǎ tāmen gěi wǒ ne, hǎoxiàng tāmen shì guǒzi yíyàng?"

"Dànshì tāmen zhǎng zài shù shàng!"

"Tāmen dāngrán búshì zhǎng zài shù shàng de. Zhè fēicháng qīngchǔ, tāmen shì xiǎo háizi!"

生的孩子。他的眼睛变大，嘴张开，他向后逃了三尺。"这太可怕了！是因为你们的食物太少，你们才一定要吃小孩子吗？你怎么能把这些给我？"

两个年轻人心里在想："这个笨和尚有眼睛，但他看不见。"明月大声说："大师，不用担心，这些不是小孩子。它们是人参果。它们会带给您健康和长生。您可以吃它们！"

"不，我不能！他们的爸爸妈妈把这些小孩子带到这个世界。你怎么能把他们给我呢，好像他们是果子一样？"

"但是它们长在树上！"

"他们当然不是长在树上的。这非常清楚，他们是小孩子！"

唐僧低头看着人参果，
它们看起来就像刚出生的孩子。

Tángsēng dītóu kànzhe rénshēnguǒ, tāmen
kàn qǐlái jiù xiàng gāng chūshēng de háizi.

Tangseng looked down at the fruits,
which looked just like newborn
babies.

Zhè liǎng gè niánqīng rén bú zàishuō shénme. Tāmen zhǐshì ná le rénshēnguǒ, huí dào tāmen zìjǐ de fángjiān. Tāmen zhīdào rénshēnguǒ bìxū mǎshàng chī. Rúguǒ bù mǎshàng chī, tāmen huì biàn yìng, jiù bùnéng chī le. Suǒyǐ tāmen měi gèrén dōu chī le yígè.

Zhège shíhòu, Zhū Bājiè zài chúfáng lǐ zhǔnbèi wǎnfàn. Tā tīng dào le tāmen jiǎng dehuà. Tā méiyǒu kàn dào rénshēnguǒ, dànshì tā tīng dào liǎng gè niánqīng rén dehuà, tīng dào tāmen zài chī rénshēnguǒ, tā gǎndào fēicháng è. Tā pǎo dào wàimiàn, zhuā zhù Sūn Wùkōng shuō: "Zhè miào li yǒu hǎo dōngxī!"

"Shénme hǎo dōngxī?"

"Zhè shì nǐ cónglái méiyǒu kànjiànguò de dōngxī!"

"Dìdi, wǒ qùguò shìjiè de měi yīgè dìfāng hé tiāngōng de měi yīgè dìfāng. Wǒ kàndàoguò suǒyǒu de dōngxī!"

这两个年轻人不再说什么。他们只是拿了人参果，回到他们自己的房间。他们知道人参果必须马上吃。如果不马上吃，它们会变硬[5]，就不能吃了。所以他们每个人都吃了一个。

这个时候，<u>猪八戒</u>在厨房里准备晚饭。他听到了他们讲的话。他没有看到人参果，但是他听到两个年轻人的话，听到他们在吃人参果，他感到非常饿。他跑到外面，抓住<u>孙悟空</u>说："这庙里有好东西！"

"什么好东西？"

"这是你从来没有看见过的东西！"

"弟弟，我去过世界的每一个地方和天宫的每一个地方。我看到过所有的东西！"

---

[5] 硬　　　yìng – hard

"Gēge, nǐ kànjiànguò rénshēnguǒ ma?"

"Méiyǒu, wǒ cónglái méiyǒu kànjiànguò. Dànshì wǒ tīngshuōguò rúguǒ chī le yígè, tā jiù huì ràng nǐ chángshēng bùlǎo."

"Tāmen zhège sìmiào lǐ jiù yǒu rénshēnguǒ. Tāmen gěi le wǒmen de shīfu liǎng gè rénshēnguǒ, dàn shīfu bù zhīdào tāmen shì shénme. Tā zhǐ yǐwéi tāmen shì gāng chūshēng de háizi! Suǒyǐ, zhè liǎng gè niánqīng rén jiù bǎ rénshēnguǒ dài huí tāmen de fángjiān, bǎ tāmen dōu chī le. A, wǒ hǎo è, wǒ xiànzài zhēn de hěn xiǎng yào yígè! Nǐ néng bāng wǒ ma?" Ránhòu tā gàosù le Sūn Wùkōng nàgè xiǎo jīn bàng.

Sūn Wùkōng qīng qīng zǒu jìn niánqīng rén de fángjiān, zhǎodào le jīn bàng, ná le jīn bàng, ránhòu zǒu jìn huāyuán, zài nàlǐ tā fāxiàn le yì kē dà shù. Nà kē shù yǒu yìqiān chǐ gāo, liùshí chǐ cū. Tā táiqǐ tóu, kàndào le shù shàng yǒu yígè rénshēnguǒ. Tā kàn qǐlái xiàng gè xiǎo háizi. Sūn Wùkōng pá shàng shù, yòng xiǎo jīn bàng qīng qīng dǎ le nàgè rénshēnguǒ. Tā jiù diào zài dìshàng.

"哥哥，你看见过人参果吗？"

"没有，我从来没有看见过。但是我听说过如果吃了一个，它就会让你长生不老。"

"他们这个寺庙里就有人参果。他们给了我们的师父两个人参果，但师父不知道它们是什么。他只以为它们是刚出生的孩子！所以，这两个年轻人就把人参果带回他们的房间，把它们都吃了。啊，我好饿，我现在真的很想要一个！你能帮我吗？"然后他告诉了孙悟空那个小金棒。

孙悟空轻轻走进年轻人的房间，找到了金棒，拿了金棒，然后走进花园，在那里他发现了一棵大树。那棵树有一千尺高，六十尺粗。他抬起头，看到了树上有一个人参果。它看起来像个小孩子。孙悟空爬上树，用小金棒轻轻打了那个人参果。它就掉在地上。

Tā tiào xià shù xiǎng qù ná nà rénshēnguǒ, dànshì zhǎo bú dào. "Guǒzi zài nǎlǐ?" Tā wèn. "Yídìng yǒurén ná zǒu le!" Tā shuō le yígè mó yǔ, ràng huāyuán de tǔdì shén guòlái. Tǔdì shén lái le, xiàng Sūn Wùkōng jūgōng, shuō: "Dà shèng, wǒ néng wéi nǐ zuò shénme?"

"Nǐ wèishénme ná wǒ de guǒzi? Xiànzài gàosù wǒ, rúguǒ nǐ bù shuō, wǒ jiù yòng wǒ de bàng dǎ nǐ!"

"A, dà shèng, wǒ méiyǒu ná. Wǒ bìxū gàosù nǐ zhè guǒzi. Rúguǒ yù dào huángjīn, tā jiù huì diào xiàlái. Rúguǒ yù dào mùtou, tā jiù huì biàn yìng. Rúguǒ yù dào shuǐ, tā jiù huì huà le. Rúguǒ yù dào huǒ, tā jiù huì biàn gān. Rúguǒ yù dào tǔdì, tā jiù huì bújiàn. Suǒyǐ, rúguǒ nǐ xiǎng yào guǒzi, jiù bìxū yòng jīn bàng qīng dǎ tā, ránhòu bìxū zài tā diào zài dìshàng qián yòng sīchóu shǒupà jiē zhù tā."

他跳下树想去拿那人参果，但是找不到。

"果子在哪里？"他问。"一定有人拿走了！"他说了一个魔语，让花园的土地神过来。土地神来了，向<u>孙悟空</u>鞠躬，说："大圣，我能为你做什么？"

"你为什么拿我的果子？现在告诉我，如果你不说，我就用我的棒打你！"

"啊，大圣，我没有拿。我必须告诉你这果子。如果遇到黄金，它就会掉下来。如果遇到木头，它就会变硬。如果遇到水，它就会化[6]了。如果遇到火，它就会变干[7]。如果遇到土地，它就会不见。所以，如果您想要果子，就必须用金棒轻打它，然后必须在它掉在地上前用丝绸手帕接住它。"

---

[6] 化　　huà – to melt
[7] 干　　gān – to dry

Sūn Wùkōng zàicì pá shàng shù, fāxiàn le lìngwài sān gè guǒzi. Tā yòng jīn bàng qīng dǎ tāmen, tāmen diào le xiàlái. Tā yòng sīchóu chènshān de qiánmiàn jiē zhù le tāmen, ránhòu pǎo huí chúfáng. Tā duì Zhū Bājiè shuō: "Jiào Shā Wùjìng guòlái, wǒmen měigè rén kěyǐ chī yígè."

Zhū jiào le Shā, Shā jìnlái kàn dào rénshēnguǒ. "Wǒ yǐqián cónglái méiyǒu chīguò zhège," tā shuō, "dànshì dāng wǒ háishì Juǎn Lián Dàjiàng de shíhòu, zài Xiāntáo Yàn de gōngdiàn lǐ, wǒ kàn dào shénxiān men sòng gěi Wángmǔ Niángniáng de shēngrì lǐwù shì zhè zhǒng guǒzi. Gēge, ràng wǒ shì yígè hǎo ma?"

"Dāngrán!" Sūn Wùkōng shuō, tā gěi zhū yígè, gěi Shā yígè. Sūn Wùkōng hé Shā màn man chīzhe tāmen de guǒzi. Dànshì Zhū zhāng kāi tā de zuǐ, yìkǒu jiù chī le xiàqù. Tā kànzhe Sūn Wùkōng, wèn: "Nàme, nǐ juédé zěnme yàng?"

"Nǐ gāng chī le yígè!" Sūn Wùkōng shuō. "Nǐ gàosù wǒ."

孙悟空再次爬上树，发现了另外三个果子。他用金棒轻打它们，它们掉了下来。他用丝绸衬衫的前面接住了它们，然后跑回厨房。他对猪八戒说："叫沙悟净过来，我们每个人可以吃一个。"

猪叫了沙，沙进来看到人参果。"我以前从来没有吃过这个，"他说，"但是当我还是卷帘大将的时候，在仙桃宴的宫殿里，我看到神仙们送给王母娘娘的生日礼物是这种果子。哥哥，让我试一个好吗？"

"当然！"孙悟空说，他给猪一个，给沙一个。孙悟空和沙慢慢吃着他们的果子。但是猪张开他的嘴，一口就吃了下去。他看着孙悟空，问："那么，你觉得怎么样？"

"你刚吃了一个！"孙悟空说。"你告诉我。"

"Wǒ chī dé tài kuài le, wǒ méiyǒu gǎnjué dào shénme. Wǒ xiànzài gèng è le. Qǐng zài gěi wǒ yígè ba!"

"Nǐ zhège è zhū, nǐ bù zhīdào shénme shíhòu tíng xiàlái. Zhè bú xiàng shì chī mǐfàn huò miàntiáo. Jiǔqiān nián lái, zhǐyǒu sānshí gè guǒzi."

Huà tíng le, dàn zhū háishì hěn è. Dāng Qīngfēng hé Míngyuè huí dào chúfáng wèi Tángsēng zhǔnbèi chá de shíhòu, tā gēn zìjǐ shuō, tā xiǎng yào chī gèng duō de rénshēnguǒ. Tāmen tīng dào Zhū duì zìjǐ jiǎng dehuà. Qīngfēng shuō: "Míngyuè, nǐ tīng dào Zhū shuō tā xiǎng yào chī gèng duō de rénshēnguǒ ma? Wǒ xiǎng zhè jiùshì shīfu gàosù wǒmen de. Zhèxiē túdì shì zhǎo máfan de rén. Kěnéng tāmen tōu le wǒmen de hǎo dōngxī!"

Tāmen pǎo jìn huāyuán, táitóu kànzhe nà kē dà shù. Tāmen xiǎoxīn shǔ le shù shàng suǒyǒu de rénshēnguǒ. Zhǐyǒu èrshí'èr gè. Míngyuè shuō: "Kāishǐ yǒu sānshí gè guǒzi. Shàng gè xīngqí shī

"我吃得太快了，我没有感觉到什么。我现在更饿了。请再给我一个吧！"

"你这个饿猪，你不知道什么时候停下来。这不像是吃米饭或面条。九千年来，只有三十个果子。"

话停了，但<u>猪</u>还是很饿。当<u>清风</u>和<u>明月</u>回到厨房为<u>唐僧</u>准备茶的时候，他跟自己说，他想要吃更多的人参果。他们听到猪对自己讲的话。<u>清风</u>说："<u>明月</u>，你听到猪说他想要吃更多的人参果吗？我想这就是师父告诉我们的。这些徒弟是找麻烦的人。可能他们偷了我们的好东西！"

他们跑进花园，抬头看着那棵大树。他们小心数[8]了树上所有的人参果。只有二十二个。<u>明月</u>说："开始有三十个果子。上个星期师

---

[8] 数　　　shǔ – to count

fù ná liǎng gè gěi le tā suǒyǒu de túdì, zuótiān tā
gàosù wǒmen gěi Tángsēng liǎng gè. Suǒyǐ yīnggāi hái
yǒu èrshíliù gè. Nàgè bèn héshàng hé tā de máfan túdì
men yídìng ná le wǒmen de sì gè guǒzi!"

Tāmen huí dào le Tángsēng nàlǐ, kāishǐ duì tā dà hǎn,
shuō tā shì xiǎotōu, hái shuō le yìxiē qítā bù hǎotīng
dehuà."Nǐmen zài shuō shénme?" Tángsēng wèn.
"Nǐmen shuō de zhèxiē guǒzi shì shénme?"

"Nǐ zhīdào zhèxiē guǒzi de," Míngyuè shuō. "Tāmen
kàn qǐlái xiàng xiǎo háizi."

"A, Fú! Wǒ yìshēng dōu bú huì chī nàxiē kěpà de
dōngxī!"

"Nà kěnéng shì zhēn de. Dànshì nǐ de túdìmen shì
zhǎo máfan de xiǎotōu. Tāmen kěnéng ná le guǒzi."

父拿两个给了他所有的徒弟，昨天他告诉我们给<u>唐僧</u>两个。所以应该还有二十六个。那个笨和尚和他的麻烦徒弟们一定拿了我们的四个果子！"

他们回到了<u>唐僧</u>那里，开始对他大喊，说他是小偷[9]，还说了一些其他不好听的话。"你们在说什么？"<u>唐僧</u>问。"你们说的这些果子是什么？"

"你知道这些果子的，"<u>明月</u>说。"它们看起来像小孩子。"

"啊，<u>佛</u>！我一生都不会吃那些可怕的东西！"

"那可能是真的。但是你的徒弟们是找麻烦的小偷。他们可能拿了果子。"

"Nà kěnéng shì," Tángsēng huídá. "Dànshì búyòng shēngqì. Ràng wǒmen wèn wèn tāmen." Tā tígāo le shēngyīn. "Túdìmen, nǐmen dōu guòlái."

"A, bù," Zhū hǎn dào. "Wǒmen xiànzài yù dào dà máfan le." Sān gè túdì qù jiàn Tángsēng. Zhū shuō: "Shīfu, nín wèishénme jiào wǒmen guòlái? Mǐfàn hái méiyǒu zhǔnbèi hǎo."

"Wǒ jiào nǐmen guòlái bú shì wèn mǐfàn de shì," Tángsēng shuō. "Zhè liǎng gè niánqīng rén shuō, yǒu jǐ gè xiǎo háizi, wǒ de yìsi shì rénshēnguǒ bèi rén cóng zhè kē dà shù shàng názǒu le. Tāmen rènwéi shì nǐmen zuò de. Xiànzài gàosù wǒ zhēnxiàng. Nǐmen ná le guǒzi ma?"

Sūn Wùkōng shuō: "Wǒ zhāi guǒzi zhǐshì yīnwèi Zhū yào." Zhū kànzhe tā shuō: "Shénme? Nǐ ná le guǒzi. Nǐ gàosù wǒ, nǐ zhǐ ná le sān gè guǒzi, dàn zhèxiē niánqīng rén shuō, sì gè guǒzi bèi ná zǒu le. Nǐ shìbùshì zìjǐ liú le yí

46

"那可能是，"唐僧回答。"但是不用生气。让我们问问他们。"他提高了声音。"徒弟们，你们都过来。"

"啊，不，"猪喊道。"我们现在遇到大麻烦了。"三个徒弟去见唐僧。猪说："师父，您为什么叫我们过来？米饭还没有准备好。"

"我叫你们过来不是问米饭的事，"唐僧说。"这两个年轻人说，有几个小孩子，我的意思是人参果被人从这棵大树上拿走了。他们认为是你们做的。现在告诉我真相。你们拿了果子吗？"

孙悟空说："我摘果子只是因为猪要。"猪看着他说："什么？你拿了果子。你告诉我，你只拿了三个果子，但这些年轻人说，四个果子被拿走了。你是不是自己留了一

gè, bú gàosù wǒmen?"

Qīngfēng hé Míngyuè kāishǐ duì Tángsēng hé tā de sān gè túdì dà hǎn, shuō tāmen shì xiǎotōu. Sūn Wùkōng tīng dào tāmen dà hǎn, tā biàn dé yuè lái yuè shēngqì. Tā duì zìjǐ shuō: "Hǎo, wǒ kěyǐ jiějué zhège wèntí. Wǒ yídìng bú huì zài ràng rén chī guǒzi le." Tā cóngtóu shàng bá le yī gēn máofà, chuī le yíxià, ránhòu shuō: "Biàn!" Máofà biàn chéng le yì zhǐ hóuzi, kàn qǐlái jiù xiàng Sūn Wùkōng. Dì èr gè Sūn Wùkōng jìng jìng de zhànzhe, tīngzhe hǎnjiào shēng, dì yī gè Sūn Wùkōng fēi jìn huāyuán. Tā ná chū Jīn Gū Bàng, yònglì de dǎ zài shù shàng. Nà kē shù dǎo zài le dìshàng, fāchū le hěn dà de shēngyīn. Dìshàng dōu shì bèi dǎ huài de shùzhī hé shùyè. Suǒyǒu de guǒzi dōu cóng shù shàng diào xiàlái, diào zài dìshàng, bùjiàn le.

Tā huí dào le fángjiān, liǎng gè niánqīng rén hái zài dà hǎn. Tā hěn kuài bǎ dì èr gè Sūn Wùkōng dài huí zìjǐ de shēntǐ, méi yǒu rén kàn dào zhège biànhuà.

个，不告诉我们？"

清风和明月开始对唐僧和他的三个徒弟大
喊，说他们是小偷。孙悟空听到他们大喊，
他变得越来越生气。他对自己说："好，我
可以解决这个问题。我一定不会再让人吃果
子了。"他从头上拔了一根毛发，吹了一
下，然后说："变！"毛发变成了一只猴
子，看起来就像孙悟空。第二个孙悟空静静
地站着，听着喊叫声，第一个孙悟空飞进花
园。他拿出金箍棒，用力地打在树上。那棵
树倒在了地上，发出了很大的声音。地上都
是被打坏的树枝和树叶。所有的果子都从树
上掉下来，掉在地上，不见了。

他回到了房间，两个年轻人还在大喊。他很
快把第二个孙悟空带回自己的身体，没有人
看到这个变化。

他拿出<u>金箍棒</u>，
用力地打在树上

Tā ná chū jīn gū bàng,
yònglì de dǎ zài shù shàng.

He brought out his Golden Hoop Rod, and hit the tree as hard as he could.

Bùjiǔ hòu, Qīngfēng duì Míngyuè shuō: "Nǐ zhīdào ma, wǒmen duìzhe zhèxiē héshàng dà hǎn dà jiào le hěn cháng shíjiān, dàn tāmen shénme yě méi shuō. Nǐ juédé tāmen shìbùshì méiyǒu ná guǒzi? Kěnéng wǒmen shǔ cuò le. Ràng wǒmen huí dào shù nàlǐ, zài shǔ yí cì guǒzi."

Suǒyǐ tāmen huí dào huāyuán. Dànshì tāmen méiyǒu kàn dào yì kē dà shù. Tāmen kàn dào bèi dǎ huài de shùzhī, shù gēn hé shùyè xiàng shān yíyàng gāo. Liǎng gèrén dōu hàipà jí le. Míngyuè kāishǐ yāo dǎo xiàqù le, tā méiyǒu bànfǎ shuōhuà. Qīngfēng dǎo zài dìshàng, dà hǎn: "Bù hǎo le! Bù hǎo le! Wǒmen sìmiào de mó shù bèi dǎ huài le! Shīfu huílái de shíhòu, wǒmen yào zěnme gàosù tā?"

Míngyuè shuō: "Bié hǎn le, ānjìng xiàlái, wǒ de péngyǒu. Wǒ rènwéi zhè shì hóuzi zuò de. Dànshì tā hěn qiángdà. Rúguǒ tā shēngqì le, wǒmen jiù méiyǒu bànfǎ dǎ yíng tā, gèng bùnéng dǎ yíng tāmen sì gè rén. Dànshì wǒ lìng yǒu zhǔyì. Wǒmen huíqù gěi tāmen mǐfàn hé sùshí wǎnfàn. Dāng tāmen chīfàn de shíhòu

不久后，清风对明月说："你知道吗，我们对着这些和尚大喊大叫了很长时间，但他们什么也没说。你觉得他们是不是没有拿果子？可能我们数错了。让我们回到树那里，再数一次果子。"

所以他们回到花园。但是他们没有看到一棵大树。他们看到被打坏的树枝，树根和树叶像山一样高。两个人都害怕极了。明月开始要倒下去了，他没有办法说话。清风倒在地上，大喊："不好了！不好了！我们寺庙的魔树被打坏了！师父回来的时候，我们要怎么告诉他？"

明月说："别喊了，安静下来，我的朋友。我认为这是猴子做的。但是他很强大。如果他生气了，我们就没有办法打赢他，更不能打赢他们四个人。但是我另有主意。我们回去给他们米饭和素食晚饭。当他们吃饭的时

hòu, wǒmen líkāi fángjiān, cóng wàimiàn suǒ shàng
mén. Ránhòu, wǒmen jiù děng wǒmen de shīfu huílái.
Tā zhīdào yào zěnme zuò!"

Tāmen huíqù duì Tángsēng shuō: "Dàshī, duìbùqǐ
wǒmen shuō le yīxiē bù hǎotīng de huà, yòu duì nǐ dà
hǎn dà jiào. Wǒmen zàicì shǔ le guǒzi, wǒmen kàn dào
suǒyǒu guǒzi dōu hái zài shù shàng. Zhēn de hěn
duìbùqǐ. Xiànzài, wǒmen yào wèi nǐmen zhǔnbèi
wǎnfàn."

Dāngrán, Sūn Wùkōng hé qítā de túdì dōu zhīdào zhè
zhǐshì yígè gùshì. Dànshì Tángsēng bù zhīdào. Tā shuō:
"Hǎo de, qǐng dài xiē mǐfàn hé sùshí gěi wǒmen.
Wǒmen chī le fàn huì mǎshàng líkāi."

Niánqīng rén wèi kèrén men dài lái le mǐfàn, sùshí hé
rè chá. Tángsēng hé tā de túdì men ná qǐ wǎn kāishǐ
chīfàn. Niánqīng rén líkāi le fángjiān, ránhòu tāmen
hěn kuài guānshàng le dàmén, cóng wàimiàn suǒ
shàng le mén. Qīngfēng cóng suǒzhe de mén xiàng
tāmen hǎn

候，我们离开房间，从外面锁上门。然后，我们就等我们的师父回来。他知道要怎么做！"

他们回去对唐僧说："大师，对不起我们说了一些不好听的话，又对你大喊大叫。我们再次数了果子，我们看到所有果子都还在树上。真的很对不起。现在，我们要为你们准备晚饭。"

当然，孙悟空和其他的徒弟都知道这只是一个故事。但是唐僧不知道。他说："好的，请带些米饭和素食给我们。我们吃了饭会马上离开。"

年轻人为客人们带来了米饭，素食和热茶。唐僧和他的徒弟们拿起碗开始吃饭。年轻人离开了房间，然后他们很快关上了大门，从外面锁上了门。清风从锁着的门向他们喊

dào, "Nǐmen zhèxiē kěpà de xiǎotōu! Nǐmen bú wèn
wǒmen jiù ná le guǒzi. Ránhòu nǐmen shā sǐ le nà kē
dà shù. Nǐmen yǐwéi nǐmen shì shuí, kěyǐ zuò zhèyàng
de shìqing? Nǐmen shìbùshì zhēn de rènwéi nǐmen
kěyǐ zuò zhèxiē shìqing, ránhòu qù xītiān miàn duì fú?
Bù! Nǐmen zhǐ néng qù Zhuǎn Lún Cáng, shìzhe zài huó
yícì!"

Dāng Tángsēng tīng dào zhège de shíhòu, tā fàngxià
shíwù kāishǐ kū le. "Búyào kū," Sūn Wùkōng shuō, "lǎo
hóuzi huì ràng wǒmen líkāi zhèlǐ de." Dāngrán,
Tángsēng búshì yīnwèi bèi suǒ zài fángjiān lǐ jiù kū le.
Tā kū shì yīnwèi tā zhīdào Qīngfēng jiǎng de shì zhēn
huà. Zài tā hé tā de túdì men zuò le zhèxiē shìqíng
yǐhòu, zěnme hái néng qù miàn duì Fú?

Sūn Wùkōng bù dānxīn zhège. Tā zhǐshì xiǎng líkāi
fángjiān. Tā ná chū tā de Jīn Gū Bàng, duìzhe mén,
shuō le xiē mó yǔ, mén jiù dǎkāi le. "Shīfu, qí shàng nǐ
de mǎ. Zhū hé shā, ná xínglǐ. Líkāi zhèlǐ. Wǒ yīhuǐ'er qù
zhǎo nǐmen. Wǒ bìxū xiān yào ràng niánqīng rén shuì
hěn cháng de yīduàn shíjiān."

道，"你们这些可怕的小偷！你们不问我们就拿了果子。然后你们杀死了那棵大树。你们以为你们是谁，可以做这样的事情？ 你们是不是真的认为你们可以做这些事情，然后去西天面对佛？不！你们只能去转轮藏，试着再活一次！"

当唐僧听到这个的时候，他放下食物开始哭了。"不要哭，"孙悟空说，"老猴子会让我们离开这里的。"当然，唐僧不是因为被锁在房间里就哭了。他哭是因为他知道清风讲的是真话。在他和他的徒弟们做了这些事情以后，怎么还能去面对佛？

孙悟空不担心这个。他只是想离开房间。他拿出他的金箍棒，对着门，说了些魔语，门就打开了。"师父，骑上你的马。猪和沙，拿行李。离开这里。我一会儿去找你们。我必须先要让年轻人睡很长的一段时间。"

Tángsēng zhāng dà le yǎnjīng, shuō: "Rúguǒ nǐ shānghài le tāmen, nǐ jiù huì shì shārén de rén hé xiǎotōu."

"Bùyào dānxīn," Sūn Wùkōng huídá, "wǒ bú huì shānghài tāmen de." Tā qù le niánqīng rén shuìjiào de fángjiān. Hěnjiǔ yǐqián, tā hé yí wèi tiānshàng de guówáng wán cāiquán yóuxì, hái yíng le yìxiē ràng rén shuìjiào de chóng. Tā de bāo lǐ hái yǒu jǐ gè. Tā ná chū le liǎng zhī chóng. Tāmen zhí fēi xiàng liǎng gè niánqīng rén, yǎo le tāmen. Liǎng gè niánqīng rén jìnrù le shēn shuì, méiyǒu bànfǎ xǐng lái. Ránhòu, Sūn Wùkōng líkāi le sìmiào, hé Tángsēng, Zhū hé Shā yìqǐ zǒuxiàng xīfāng.

Tāmen zǒu le yígè wǎnshàng. Tiānliàng de shíhòu, Tángsēng shuō: "Hóuzi, nǐ jīhū shā le wǒ! Wǒ hěn lèi." Suǒyǐ tāmen líkāi dàlù, zǒu jìn le shùlín. Tángsēng bǎ tóu fàng zài shù gēn shàng, ránhòu zài dìshàng shuìzháo le. Zhū hé Shā yě shuì le. Dànshì Sūn Wùkōng bú lèi. Tā xiǎng wán, suǒyǐ tā pá shàng

唐僧张大了眼睛，说："如果你伤害了他们，你就会是杀人的人和小偷。"

"不要担心，"孙悟空回答，"我不会伤害他们的。"他去了年轻人睡觉的房间。很久以前，他和一位天上的国王玩猜拳[10]游戏，还赢了一些让人睡觉的虫。他的包里还有几个。他拿出了两只虫。它们直飞向两个年轻人，咬了他们。两个年轻人进入了深睡，没有办法醒来。然后，孙悟空离开了寺庙，和唐僧，猪和沙一起走向西方。

他们走了一个晚上。天亮的时候，唐僧说："猴子，你几乎杀了我！我很累。"所以他们离开大路， 走进了树林。唐僧把头放在树根上，然后在地上睡着了。猪和沙也睡了。但是孙悟空不累。他想玩，所以他爬上

---

[10] 猜拳　cāiquán – literally, "guess fist" or "guess fingers", a game similar to rock-paper-scissors

shù, cóng yígè shùzhī tiào dào lìng yígè shùzhī.

Zài zhè duàn shíjiān lǐ, Zhènyuánzǐ dàxiān hé tā de túdì men zài tiāngōng de gōngdiàn zhōng tīng jiǎng dào. Kè jiéshù hòu, tā hé sìshíliù gè túdì huí dào le sìmiào. Tā kàn dào dàmén kāizhe. Tā yǐwéi Míngyuè hé Qīngfēng dǎkāi dàmén huānyíng tā huí jiā. Dànshì tā zhǎo bú dào tāmen. "Hǎo ba," tā xiǎng, "kěnéng tāmen zuótiān wǎnshàng shuìjiào qián wàngjì guānmén le." Tā zǒu jìn tāmen de fángjiān, fāxiàn tāmen shuì dé hěn sǐ. Tā méiyǒu bànfǎ ràng tāmen xǐng lái. Suǒyǐ, tā ràng tā de lìng yígè túdì qù ná shuǐ. Dàshī shuō le yíjù mó yǔ, ránhòu xiàng Míngyuè hé Qīngfēng de liǎn shàng tǔ le yìxiē shuǐ. Jiějué le shuìmó, liǎng gè niánqīng rén xǐng le.

Míngyuè hé Qīngfēng zhāng kāi le yǎnjīng. Tāmen kàn dào le tāmen shīfu de liǎn. Tāmen mǎshàng guì xià, kū le, yícì yòu yícì de kētóu, shuō: "Shīfu, nín de lǎo péngyǒu Tángsēng shìgè kěpà de xiǎotōu! Xiàng nín shuō de nàyàng, tā hé sān gè túdì lái le. Wǒmen tīng le nín de huà, dànshì nàgè lǎorén shì

树，从一个树枝跳到另一个树枝。

在这段时间里，镇元子大仙和他的徒弟们在天宫的宫殿中听讲道。课结束后，他和四十六个徒弟回到了寺庙。他看到大门开着。他以为明月和清风打开大门欢迎他回家。但是他找不到他们。"好吧，"他想，"可能他们昨天晚上睡觉前忘记关门了。"他走进他们的房间，发现他们睡得很死。他没有办法让他们醒来。所以，他让他的另一个徒弟去拿水。大师说了一句魔语，然后向明月和清风的脸上吐了一些水。解决了睡魔，两个年轻人醒了。

明月和清风张开了眼睛。他们看到了他们师父的脸。他们马上跪下，哭了，一次又一次地磕头，说："师父，您的老朋友唐僧是个可怕的小偷！像您说的那样，他和三个徒弟来了。给了他两个人参果。但是那个老人是

gè hěn bèn de rén, tā bù zhīdào nà shì rénshēnguǒ, tā yǐwéi shì xiǎo háizi! Tā bù kěn chī tāmen. Suǒyǐ wǒmen zhǐ néng zìjǐ chī le. Dànshì tā de yígè túdì, yì zhǐ hóuzi, ná le sì gè guǒzi chī le. Ránhòu, a, zhēn bù zhīdào zěnme shuō, tā dǎ dǎo le nà kē dà shù!" Ránhòu tā kāishǐ yòu kūzhe kētóu.

Zhènyuánzǐ dàshī méiyǒu shēngqì. Tā zhǐshì shuō: "Bié kū le, bié kū le. Nà zhǐ hóuzi hěn qiángdà, tā qíshí shì gè xiānrén, hěnjiǔ yǐqián, tā zài tiāngōng zhǎo le hěnduō máfan. Gàosù wǒ: Rúguǒ nǐ zài yícì kàn dào zhè sì gè rén, nǐ huì rèn chū tāmen ma?"

"Dāngrán!" Tāmen liǎng gè shuō.

"Nà jiù gēn wǒ lái." Ránhòu tā gàosù qítā túdì qù zhǔnbèi yìxiē shéngzi hé yìtiáo biānzi

个很笨的人，他不知道那是人参果，他以为
是小孩子！他不肯吃它们。所以我们只能自
己吃了。但是他的一个徒弟，一只猴子，拿
了四个果子吃了。然后，啊，真不知道怎么
说，他打倒了那棵大树！"然后他开始又哭
着磕头。

镇元子大师没有生气。他只是说："别哭
了，别哭了。那只猴子很强大，他其实是个
仙人，很久以前，他在天宫找了很多麻烦。
告诉我：如果你再一次看到这四个人，你会
认出他们吗？"

"当然！"他们两个说。

"那就跟我来。"然后他告诉其他徒弟去准
备一些绳子和一条鞭[11]子。

---

11 鞭　　biān – whip

Zhènyuánzǐ dàshī, Qīngfēng hé Míngyuè hěn kuài xiàng xī fēi le yìqiān lǐ. Zhènyuánzǐ xiàng xià kàn, dàn tā kàn bújiàn Tángsēng. Tā xiàng xī kàn, yě méi kàn dào Tángsēng. Ránhòu tā xiàng dōng kàn, zài jiǔbǎi lǐ de dìfāng kàn dào le Tángsēng hé tā de túdì. Tāmen dōu fēi le huílái, cóng yún zhōng wǎng xià kàn. Yígè niánqīng rén shuō: "Shīfu, nà zuò zài shù xià hē chá de rén shì Tángsēng."

"Wǒ kànjiàn tā le," Zhènyuánzǐ dàshī shuō. "Nǐ xiànzài huí dào sìmiào. Wǒ yào zìjǐ zhuā zhù zhèxiē xiǎotōu." Ránhòu tā lái dào dìshàng, biàn chéng le yígè lǎorén, yígè kělián de dàoren. Tā chuānzhe jiù cháng yī, jiǎo shàng chuānzhe jiù cǎoxié, shǒu lǐ názhe niú wěibā.

Tā zǒu dào Tángsēng nàlǐ, shuōdao: "Lǎorén, zhè wèi kělián de héshàng lái xiàng nǐ wènhǎo!"

Tángsēng hěn kuài zhàn qǐlái huídá: "Duìbùqǐ, wǒ méiyǒu xiān xiàng nǐ wènhǎo."

"Qǐngwèn, lǎorén shì láizì nǎlǐ, wèishénme zuò zài dì

镇元子大师，清风和明月很快向西飞了一千里。镇元子向下看，但他看不见唐僧。他向西看，也没看到唐僧。然后他向东看，在九百里的地方看到了唐僧和他的徒弟。他们都飞了回来，从云中往下看。一个年轻人说："师父，那坐在树下喝茶的人是唐僧。"

"我看见他了，"镇元子大师说。"你现在回到寺庙。我要自己抓住这些小偷。"然后他来到地上，变成了一个老人，一个可怜的道人。他穿着旧长衣，脚上穿着旧草鞋，手里拿着牛尾巴。

他走到唐僧那里，说道："老人，这位可怜的和尚来向你问好！"

唐僧很快站起来回答："对不起，我没有先向你问好。"

"请问，老人是来自哪里，为什么坐在地

他说道："老人，这位可怜的
和尚来向你问好！"

Tā shuōdao: "Lǎorén, zhè wèi kělián de
héshàng lái xiàng nǐ wènhǎo!"

He said, "Elder, this poor monk
greets you!"

shàng?"

"Wǒ shì bèi táng huángdì sòng dào Yìndù zhǎo Fú shū, ránhòu bǎ tā dài huí dōngfāng de sēngrén."

"A, wǒ míngbái le. Gàosù wǒ, nǐ cóng dōngfāng lái de shíhòu, nǐ shìbùshì jīngguò le wǒ nà kělián de shāncūn lǐ de jiā? Wǒ zhù zài Wǔ Zhuāng Guān de sìmiào. Nǐ kěnéng yǐjīng kàn dào le."

Sūn Wùkōng zhàn zài pángbiān. Zài Tángsēng huídá qián, tā shuō: "Bù, bù, wǒmen zǒu le lìng yìtiáo lù."

Dàxiān de shǒuzhǐ duìzhe Sūn Wùkōng shuō: "Bù shuō zhēn huà de hóuzi, nǐ xiǎng gàosù wǒ shénme gùshì? Nàgè wǎnshàng, nǐ dǎdǎo le wǒ de rénshēn shù, ránhòu jiù táozǒu le! Zuìhǎo jiǎng zhēn huà, mǎshàng huán gěi wǒ yì kē shù."

Sūn Wùkōng méiyǒu shuō yíjù huà, jiù ná chū Jīn Gū Bàng, xiǎng dǎ dàxiān de tóu. Dàn Zhènyuánzǐ hěn róngyì de zǒu dào yìbiān, méi

上？"

"我是被唐皇帝送到印度找佛书，然后把它带回东方的僧人。"

"啊，我明白了。告诉我，你从东方来的时候，你是不是经过了我那可怜的山村里的家？我住在五庄观的寺庙。你可能已经看到了。"

孙悟空站在旁边。在唐僧回答前，他说："不，不，我们走了另一条路。"

大仙的手指对着孙悟空说："不说真话的猴子，你想告诉我什么故事？那个晚上，你打倒了我的人参树，然后就逃走了！最好讲真话，马上还给我一棵树。"

孙悟空没有说一句话，就拿出金箍棒，想打大仙的头。但镇元子很容易地走到一边，没

yǒu bèi dǎ dào, ránhòu tā fēi dào le yún shàng. Sūn
Wùkōng gēnzhe tā, tāmen kāishǐ zài tiānkōng zhōng
dǎ le qǐlái. Zhènyuánzǐ méiyǒu wǔqì, zhǐyǒu nà tiáo
xiǎo niú wěibā. Sūn Wùkōng yícì yícì dǎ tā, dànshì tā
dǎ bú dào Zhènyuánzǐ. Guò le yīhuǐ'er, Zhènyuánzǐ
dǎkāi le tā de cháng yī xiùzi, bǎ sì gè rén hé nà pǐ mǎ
dōu fàng jìn tā de xiùzi.

"Hǎo ba, xiànzài wǒmen dōu zài yígè bāo lǐ le!" Zhū
shuō.

"Zhè búshì yígè bāo, nǐ zhè bèn rén, zhè shì tā cháng yī
de xiùzi," Sūn Wùkōng huídá.

Zhū xiǎng yòng bàzi zài xiùzi shàng dǎ yígè dòng,
dànshì tā zuò le nàme duō nǔlì, háishì méiyǒu bànfǎ
dǎchū dòng.

Zhènyuánzǐ fēi huí sìmiào. Tā yòng shǒu xiān bǎ zài
xiùzi lǐ de Tángsēng ná chūlái, bǎ tā kǔn zài zhǔyào
fángjiān de dà zhùzi

有被打到，然后他飞到了云上。孙悟空跟着他，他们开始在天空中打了起来。镇元子没有武器，只有那条小牛尾巴。孙悟空一次一次打他，但是他打不到镇元子。过了一会儿，镇元子打开了他的长衣袖子[12]，把四个人和那匹马都放进他的袖子。

"好吧，现在我们都在一个包里了！"猪说。

"这不是一个包，你这笨人，这是他长衣的袖子，"孙悟空回答。

猪想用耙子在袖子上打一个洞，但是他做了那么多努力，还是没有办法打出洞。

镇元子飞回寺庙。他用手先把在袖子里的唐僧拿出来，把他捆在主要房间的大柱[13]子

---

[12] 袖子　xiùzi – sleeve
[13] 柱　　zhù – pillar

shàng. Ránhòu, tā yòu bǎ qítā sān gè túdì ná chūlái, yícì yígè, bǎ měi gè rén dōu kǔn zài yì gēn zhùzi shàng. Zuìhòu, tā bǎ mǎ ná chūlái, fàng zài wàimiàn, tā gàosù tā de yígè túdì, gěi tā yìxiē cǎo.

Ránhòu tā zhuǎnshēn xiàng tā de túdì men shuō: "Túdì, zhèxiē yóurén shì chūjiā de héshàng. Wǒmen bù kěyǐ shā sǐ tāmen. Dànshì, wǒmen yào chéngfá tāmen. Suǒyǐ wǒmen yào biāndǎ tāmen."

Yígè túdì wèn: "Shīfu, wǒmen yào xiān biāndǎ nǎge?"

"Tángsēng shì zuì lǎo de yígè, tā shì tāmen de tóu. Wǒmen cóng tā kāishǐ."

Zhè ràng Sūn Wùkōng hěn dānxīn, yīnwèi tā zhīdào Tángsēng bùnéng yǒu zhèyàng de biāndǎ, tā huì sǐ de. Tā duì Zhènyuánzǐ shuō: "Xiānshēng, nǐ cuò le. Shì wǒ zhāi xià le guǒzi hái chī le tā, ránhòu dǎ dǎo le nǐ de shù. Suǒyǐ, rúguǒ nǐ yào biān

上。然后，他又把其他三个徒弟拿出来，一次一个，把每个人都捆在一根柱子上。最后，他把马拿出来，放在外面，他告诉他的一个徒弟，给它一些草。

然后他转身向他的徒弟们说："徒弟，这些游人是出家的和尚。我们不可以杀死他们。但是，我们要惩罚他们。所以我们要鞭打他们。"

一个徒弟问："师父，我们要先鞭打哪个？"

"唐僧是最老的一个，他是他们的头。我们从他开始。"

这让孙悟空很担心，因为他知道唐僧不能有这样的鞭打，他会死的。他对镇元子说："先生，你错了。是我摘下了果子还吃了它，然后打倒了你的树。所以，如果你要鞭

dǎ rén, qǐng xiān biāndǎ wǒ."

Zhènyuánzǐ shuō: "Hǎo de, hóuzi." Ránhòu tā
zhuǎnxiàng názhe biānzi de túdì shuō: "Gěi tā měi gè
guǒzi yī biānzi. Sānshí biān." Dāng túdì kāishǐ biāndǎ tā
shí, Sūn Wùkōng xiàng tā zìjǐ hòumiàn kàn, kàn dào
biānzi zhèng yào dǎ dào tā de tuǐ shàng. Suǒyǐ tā bǎ tā
de tuǐ biàn chéng xiàng gāngtiě yīyàng yìng.

Biāndǎ jiéshù hòu. Zhènyuánzǐ shuō: "Xiànzài dǎ lǎo
héshàng yì biān, yīnwèi tā bù zhīdào zěnyàng jiāo zìjǐ
de túdì."

Hěn kuài, Sūn Wùkōng shuō: "Xiānshēng, nǐ yòu cuò
le. Zhāi guǒzi de shíhòu, wǒ de shīfu zhèngzài hé nǐ de
liǎng gè túdì shuōhuà. Tā bù zhīdào guǒzi de shì.
Kěnéng tā yīnggāi yào gèng hǎo de jiāo wǒmen, zhè
shì zhēn de. Dànshì tā hé zhè shì méiyǒu guānxì.
Biāndǎ wǒmen ba. Cóng wǒ kāishǐ."

Zhènyuánzǐ xīnlǐ xiǎng: "Zhège húsūn shìgè xiǎotōu,
dànshì tā zhè shì zài shuō zhēn huà." Suǒyǐ tā gàosù tā
de túdì zàicì biāndǎ Sūn Wùkōng. Dànshì, Sūn Wùkōng
de tuǐ dāngrán háishì

打人，请先鞭打我。"

镇元子说："好的，猴子。"然后他转向拿着鞭子的徒弟说："给他每个果子一鞭子。三十鞭。"当徒弟开始鞭打他时，孙悟空向他自己后面看，看到鞭子正要打到他的腿上。所以他把他的腿变成像钢铁一样硬。

鞭打结束后。镇元子说："现在打老和尚一鞭，因为他不知道怎样教自己的徒弟。"

很快，孙悟空说："先生，你又错了。摘果子的时候，我的师父正在和你的两个徒弟说话。他不知道果子的事。可能他应该要更好地教我们，这是真的。但是他和这事没有关系。鞭打我们吧。从我开始。"

镇元子心里想："这个猢狲是个小偷，但是他这是在说真话。"所以他告诉他的徒弟再次鞭打孙悟空。但是，孙悟空的腿当然还是

xiàng gāngtiě yīyàng yìng, tā yīdiǎn yě méiyǒu shòushāng.

Dào le wǎnshàng, měi gè rén dōu lèi le. Suǒyǐ Zhènyuánzǐ shuō: "Xiànzài tíng xiàlái ba. Bǎ biānzi fàng jìn shuǐ zhōng, míngtiān wǒmen zài biāndǎ tāmen."

Tángsēng yòu kāishǐ kū le, shuō: "Hóuzi, nǐ zuò le zhèxiē shì, dànshì wǒ yào wèi zhège dédào chéngfá! Wǒ méiyǒu bèi biāndǎguò, dànshì wǒ bèi kǔn le yītiān le, wǒ de shēntǐ hěn tòng. Nǐ xiànzài yào zuò shénme?"

"Bié kū le," Sūn Wùkōng huídá. "Hěn kuài nǐmen jiù kěyǐ chūqù le." Ránhòu tā ràng shēntǐ biàn xiǎo. Hěn róngyì de cóng kǔnzhe tā de shéngzi lǐ chūlái. Tā zhàn qǐlái, huí dào tā zìjǐ de dàxiǎo, dǎkāi qítā rén de shéngzi. Tāmen dōu zǒuchū le sìmiào. Sūn Wùkōng duì Shā shuō: "Qù nà biān, bǎ sì kē xiǎo liǔshù dài lái."

像钢铁一样硬，他一点也没有受伤。

到了晚上，每个人都累了。所以镇元子说："现在停下来吧。把鞭子放进水中，明天我们再鞭打他们。"

唐僧又开始哭了，说："猴子，你做了这些事，但是我要为这个得到惩罚！我没有被鞭打过，但是我被捆了一天了，我的身体很痛。你现在要做什么？"

"别哭了，"孙悟空回答。"很快你们就可以出去了。"然后他让身体变小。很容易地从捆着他的绳子里出来。他站起来，回到他自己的大小，打开其他人的绳子。他们都走出了寺庙。孙悟空对沙说："去那边，把四棵小柳[14]树带来。"

---

[14] 柳　　liǔ – willow

Shā yònglì de bá le sì kē xiǎo liǔshù, bǎ tāmen gěi le

Sūn Wùkōng. Sūn Wùkōng bǎ liǔshù dài jìn le sìmiào.

Tā zài měi gēn zhùzi shàng kǔn shàng yì kē liǔshù.

Ránhòu tā yǎo le shǒuzhǐ, zài měi kē shù shàng tǔ

yīdiǎn xuè, shuō: "Biàn!" Sì kē liǔshù zhōng de měi yì

kē liǔshù biàn chéng sì gè rén zhōng de yígè rén.

Tāmen kàn shàngqù jiù xiàng zhèxiē yóurén, tāmen

kěyǐ kàn dào yě kěyǐ tīng dào, hái kěyǐ huídá jiǎndān

de wèntí. Ránhòu, yóurén zàicì shàng le dàlù, kāishǐ

xiàng xī zǒu. Tāmen zǒu le yígè wǎnshàng, yìzhí dào

zǎoshang cái tíng xiàlái xiūxi.

Zǎoshang, Zhènyuánzǐ xǐng lái, chī le zǎofàn, zǒu jìn

dàdiàn. "Ná biānzi. Jīntiān wǒmen yào biāndǎ lǎo

héshàng." Yígè túdì duì Tángsēng shuō: "Wǒ yào

biāndǎ nǐ." "Lái ba." Nà kē kàn qǐlái xiàng Tángsēng de

shù huídá. Túdì yòng biānzi dǎ le tā sānshí biān.

Ránhòu tā duì zhū shuō: "Wǒ yào biāndǎ nǐ." "Lái ba,"

kàn qǐlái xiàng Zhū de shù huídá. Túdì gěi le tā sānshí

biān. Ránhòu tā yòu duì Shā shuō: "Wǒ yào biāndǎ

nǐ." "Lái ba," kàn qǐlái xiàng Shā de

沙用力地拔了四棵小柳树，把它们给了孙悟空。孙悟空把柳树带进了寺庙。他在每根柱子上捆上一棵柳树。然后他咬了手指，在每棵树上吐一点血，说："变！"四棵柳树中的每一棵柳树变成四个人中的一个人。他们看上去就像这些游人，他们可以看到也可以听到，还可以回答简单的问题。然后，游人再次上了大路，开始向西走。他们走了一个晚上，一直到早上才停下来休息。

早上，镇元子醒来，吃了早饭，走进大殿。"拿鞭子。今天我们要鞭打老和尚。"一个徒弟对唐僧说："我要鞭打你。""来吧。"那棵看起来像唐僧的树回答。徒弟用鞭子打了他三十鞭。然后他对猪说："我要鞭打你。""来吧，"看起来像猪的树回答。徒弟给了他三十鞭。然后他又对沙说："我要鞭打你。""来吧，"看起来像沙的

shù huídá. Túdì gěi le tā sānshí biān.

Zuìhòu, tā yòu zài yícì biāndǎ Sūn Wùkōng. Gāng kāishǐ, zhēn de Sūn Wùkōng jiù kāishǐ gǎndào fēicháng tòng. Tā shuō: "Búduì." "Wǒ yòng mófǎ zào le sì gè shēntǐ, dànshì wǒ méiyǒu xiǎngdào tāmen huì zài yícì biāndǎ wǒ. Zhēn tòng! Wǒ xiànzài yào tíngzhǐ mófǎ."

Tā tíngzhǐ le mófǎ, sì gè shēntǐ zài yícì biàn chéng le liǔshù. Zhènyuánzǐ dàshī kàn dào le zhège, shuōdào: "Sūn Wùkōng yǒu qiángdà de mófǎ! Dànshì xiànzài wǒ yào zhuā zhù tā, bǎ tā zài yícì dài huílái." Zhènyuánzǐ xiàng xī fēi, zhè cì zhǐyǒu yìbǎi lǐ, tā jiù hěn róngyì de zhǎodào le Tángsēng hé tā de túdì.

Sūn Wùkōng kàn dào Zhènyuánzǐ huílái le. Tā duì Tángsēng shuō: "Shīfu, ràng wǒmen xiān bǎ 'hǎoxīn' zhège zì wàngjì yīhuǐ'er, hǎo ma?" Tángsēng tài hàipà le, shénme yě méi shuō. Sūn Wùkōng ná qǐ le tā de Jīn Gū Bàng, Zhū Bājiè ná qǐ

树回答。徒弟给了他三十鞭。

最后，他又再一次鞭打孙悟空。刚开始，真的孙悟空就开始感到非常痛。他说："不对。""我用魔法造了四个身体，但是我没有想到他们会再一次鞭打我。真痛！我现在要停止魔法。"

他停止了魔法，四个身体再一次变成了柳树。镇元子大师看到了这个，说道："孙悟空有强大的魔法！但是现在我要抓住他，把他再一次带回来。"镇元子向西飞，这次只有一百里，他就很容易地找到了唐僧和他的徒弟。

孙悟空看到镇元子回来了。他对唐僧说："师父，让我们先把'好心'这个字忘记一会儿，好吗？"唐僧太害怕了，什么也没说。孙悟空拿起了他的金箍棒，猪八戒拿起

le tā de bàzi, Shā Wùjìng ná qǐ le tā de guǎizhàng.
Tāmen sān gè rén kāishǐ hé Zhènyuánzǐ zhàndòu.
Dànshì tāmen méiyǒu bànfǎ yíng. Zhènyuánzǐ yòng tā
de xiǎo niú wěibā hěn róngyì de zǔzhǐ le tāmen.
Jīngguò bàn gè duō xiǎoshí de zhàndòu, Zhènyuánzǐ
bǎ tāmen dōu fàng jìn le tā de xiùzi lǐ, dài huí sìmiào.

Tā bǎ tāmen kǔn qǐlái, dànshì zhè cì tā gàosù tā de
túdìmen yòng bù bāo hǎo měi gè rén. Chú le tāmen de
liǎn, tāmen de quánshēn dōu bèi bāo zhù le. Zhū
shuō: "Xiānshēng, xièxiè nǐ méiyǒu bāo wǒ de liǎn.
Dànshì, rúguǒ wǒ hái yào děng hěn cháng shíjiān,
nàme rúguǒ nǐ zài xiàmiàn zài kāi yígè dòng, wǒ huì
gèng shūfú."

Túdì men ná chū yígè dà yóu guō, lǐmiàn fàng le yóu,
ránhòu fàng zài dàhuǒ shàng. Sūn Wùkōng juédé zhè
duì tā láishuō méi wèntí, dàn tā dānxīn tā de péngyǒu.
Tā hái dānxīn yóu guō kěnéng huì yǒu yìxiē qiángdà de
mófǎ. Tā néng zuò shénme ne? Tā

了他的耙子，<u>沙悟净</u>拿起了他的拐杖。他们三个人开始和<u>镇元子</u>战斗。但是他们没有办法赢。<u>镇元子</u>用他的小牛尾巴很容易地阻止了他们。经过半个多小时的战斗，<u>镇元子</u>把他们都放进了他的袖子里，带回寺庙。

他把他们捆起来，但是这次他告诉他的徒弟们用布包好每个人。除了他们的脸，他们的全身都被包住了。<u>猪</u>说："先生，谢谢你没有包我的脸。但是，如果我还要等很长时间，那么如果你在下面再开一个洞，我会更舒服。"

徒弟们拿出一个大油锅，里面放了油，然后放在大火上。<u>孙悟空</u>觉得这对他来说没问题，但他担心他的朋友。他还担心油锅可能会有一些强大的魔法。他能做什么呢？ 他

镇元子用他的小牛尾巴很容易地
阻止了他们。

Zhènyuánzǐ yòng tā de xiǎo niú wěibā hěn
róngyì de zǔzhǐ le tāmen.

Zhenyuanzi easily blocked their
blows with his little yak tail.

kàn dào mén de fùjìn yǒu yì zhǐ dàshí shīzi. Suǒyǐ, tā yòng mófǎ bǎ shí shīzi fàng zài tā de dìfāng, tā zìjǐ hěn kuài fēi xiàng yún shàng,. Tā zuò dé tài kuài le, suǒyǐ méiyǒu rén kàn dào.

Xiànzài yóu hěn rè le. "Bǎ hóuzi ná lái, fàng dào yóu guō lǐ," Zhènyuánzǐ shuō. Sì gè túdì xiǎng yào zhuā Sūn Wùkōng, dàn tā tài zhòng le. Yòng le èrshí gè túdì cái bǎ tā ná qǐlái, fàng dào yóu guō lǐ. Yóu guō huài le, suǒyǒu de yóu dōu zài huǒ zhōng shāo le, zhǐyǒu yìtóu shí shīzi zài nàlǐ.

Zhènyuánzǐ fēicháng fēicháng shēngqì. "Hǎo ba," tā shuō, "fàng le hóuzi. Bǎ Tángsēng fàng jìn yóu guō lǐ."

Sūn Wùkōng gǎndào hěn dānxīn, yīnwèi tā zhīdào Tángsēng hěn kuài jiù huì sǐ zài yóu guō lǐ. Suǒyǐ tā cóng yún zhōng xiàlái, zhàn zài Zhènyuánzǐ de qiánmiàn, shuōdao: "Búyào nàyàng zuò. Bǎ wǒ fàng jìn yóu guō lǐ ba."

看到门的附近有一只大石狮子[15]。所以，他用魔法把石狮子放在他的地方，他自己很快飞向云上。他做得太快了，所以没有人看到。

现在油很热了。"把猴子拿来，放到油锅里，"镇元子说。四个徒弟想要抓孙悟空，但他太重了。用了二十个徒弟才把他拿起来，放到油锅里。油锅坏了，所有的油都在火中烧了，只有一头石狮子在那里。

镇元子非常非常生气。"好吧，"他说，"放了猴子。把唐僧放进油锅里。"孙悟空感到很担心，因为他知道唐僧很快就会死在油锅里。所以他从云中下来，站在镇元子的前面，说道："不要那样做。把我放进油锅里吧。"

---

[15] 狮子　shīzi – lion

"Wǒ zhēn de bùxiǎng bǎ rènhé rén fàng jìn yóu guō lǐ," Zhènyuánzǐ shuō, "wǒ zhǐyào nǐ bǎ rénshēn shù huán gěi wǒ."

"A, zhè jiùshì nǐ xiǎng yào de ma? Nǐ yīnggāi zǎo yīdiǎn gàosù wǒ. Méi wèntí. Zhǐyào fàng kāi wǒ de shīfu hé wǒ de péngyǒu, wǒ jiù huì bǎ nǐ de rénshēn shù huán gěi nǐ." Zhènyuánzǐ xiǎng le xiǎng. Tā bù xiāngxìn hóuzi, dànshì tā zhīdào Tángsēng zǒu búkuài. Suǒyǐ tā gàosù túdì men fàng kāi Tángsēng, Zhū hé Shā.

Zhū duì Tángsēng shuō: "Tā méiyǒu jiǎng zhēn huà. Yīnwèi zhèyàng, wǒmen jiù huì dédào chéngfá. Lǎo hóuzi zhīdào zhè kē shù yǐjīng sǐ le, méiyǒu rén néng ràng tā zài huó. Tā gàosù Zhènyuánzǐ, tā yào qù wèi zhè kē shù zhǎo yào. Dànshì tā zhǐ huì líkāi, wǒmen bú huì zàijiàn dào tā le. Nín rènwéi tā huì guānxīn wǒmen ma?"

"Tā bú huì líkāi wǒmen de," Tángsēng shuō. "Wèn wèn tā, tā de jìhuà shì shénme." Tígāo shēngyīn, tā hǎn

"我真的不想把任何人放进油锅里，"镇元子说，"我只要你把人参树还给我。"

"啊，这就是你想要的吗？你应该早一点告诉我。没问题。只要放开我的师父和我的朋友，我就会把你的人参树还给你。"镇元子想了想。他不相信猴子，但是他知道唐僧走不快。所以他告诉徒弟们放开唐僧，猪和沙。

猪对唐僧说："他没有讲真话。因为这样，我们就会得到惩罚。老猴子知道这棵树已经死了，没有人能让它再活。他告诉镇元子他要去为这棵树找药。但是他只会离开，我们不会再见到他了。您认为他会关心我们吗？"

"他不会离开我们的，"唐僧说。"问问他，他的计划是什么。"提高声音，他喊

dào: "Wùkōng, nǐ zài wán shénme yóuxì? Nǐ yào qù nǎlǐ?"

Sūn Wùkōng huídá: "Lǎo hóuzi shuō de shì zhēn huà, zhǐyǒu zhēn huà. Nín zhīdào yǒu gè lǎohuà: 'Yào cóng hǎishàng lái' ma? Wǒ bìxū qù dōnghǎi, qù jiàn nàlǐ de shénxiān, zhǎodào zěnme néng ràng rénshēn shù zài huó de bànfǎ."

"Zhè shì yígè bǐjiào nán de gōngzuò. Nǐ xūyào duō cháng shíjiān?"

"Bú huì bǐ sān tiān duō."

"Hǎo de, wǒ gěi nǐ sān tiān. Sān tiān yǐhòu, wǒ huì niàn mó yǔ ràng nǐ de tóu dài biàn jǐn, nǐ huì gǎndào hěn tòng de!"

"Wǒ tīng dào le! Wǒ tīng dào le!" Sūn Wùkōng huídá. Ránhòu tā duì Zhènyuánzǐ shuō: "Wǒ xiànzài jiù yào zǒu le. Nǐ bìxū hǎohǎo zhàogù wǒ de shīfu. Yídìng yào měitiān gěi tā chī sān dùn hào chī de fàn, hè liù cì chá. Rúguǒ tā de yīfú zāng

道："悟空，你在玩什么游戏？你要去哪里？"

孙悟空回答："老猴子说的是真话，只有真话。您知道有个老话：'药从海上来'吗？我必须去东海，去见那里的神仙，找到怎么能让人参树再活的办法。"

"这是一个比较难的工作。你需要多长时间？"

"不会比三天多。"

"好的，我给你三天。三天以后，我会念魔语让你的头带变紧，你会感到很痛的！"

"我听到了！我听到了！"孙悟空回答。然后他对镇元子说："我现在就要走了。你必须好好照顾我的师父。一定要每天给他吃三顿好吃的饭，喝六次茶。如果他的衣服脏

le, jiù yào xǐ. Rúguǒ wǒ de shīfu yǒu rènhé shìqing, wǒ huì huílái zhǎo nǐ máfan de!"

"Qù ba, qù ba," Zhènyuánzǐ shuō. "Wǒ huì ràng nǐ de shīfu chī dé bǎo bǎo de."

Sūn Wùkōng yòng tā de Jīndǒu yún hěn kuài qù le jǐ qiān lǐ, dào le Dōng Hǎi. Tā lái dào le tā de sān gè péngyǒu zhù de Pénglái, tāmen dōu shì dà xīng shénxiān. Tā kàn dào Fú Xīng hé Lù Xīng zài wán qí, Shòu Xing zài kàn tāmen wán qí. Sūn Wùkōng dà hǎn: "Xiōngdì men, wǒ xiàng nǐmen jūgōng!" Sān gè dàxiān tíng xià le shǒuzhōng de qí, xiàng tā wènhǎo.

"Dà shèng," tāmen shuō, "nǐ wèishénme lái zhèlǐ? Wǒmen tīng shuō nǐ bù xué dào huàn chéng xué fó le, nǐ xiànzài zhèng gēnzhe Tángsēng qù xītiān. Xīyóu yídìng hěn nán. Nǐ zěnme yǒu shíjiān lái kàn wǒmen?"

Sūn Wùkōng shuō: "Wǒ bìxū gàosù nǐmen, wǒmen yù dào yìdiǎn xiǎo máfan." Ránhòu, tā gàosù tāmen tā zěnme dào sì

了，就要洗。如果我的师父有任何事情，我会回来找你麻烦的！"

"去吧，去吧，"镇元子说。"我会让你的师父吃得饱饱的。"

孙悟空用他的筋斗云很快去了几千里，到了东海。他来到了他的三个朋友住的蓬莱，他们都是大星神仙。他看到福星和禄星在玩棋，寿星在看他们玩棋。孙悟空大喊："兄弟们，我向你们鞠躬！"三个大仙停下了手中的棋，向他问好。

"大圣，"他们说，"你为什么来这里？我们听说你不学道换成学佛了，你现在正跟着唐僧去西天。西游一定很难。你怎么有时间来看我们？"

孙悟空说："我必须告诉你们，我们遇到一点小麻烦。"然后，他告诉他们他怎么到寺

miào, zěnme ná le chī le rénshēngguǒ, ránhòu zěnme dǎdǎo nà kē dà shù de gùshì. Ránhòu, tā jiǎng le Zhènyuánzǐ dàshī shì zěnme huílái, zěnme zhuā zhù tāmen liǎng cì, tā zìjǐ zěnme liǎng cì táozǒu de gùshì.

"Suǒyǐ," tā zuìhòu shuō, "wǒ gàosù Zhènyuánzǐ dàshī, wǒ kěyǐ zhǎodào bànfǎ ràng tā de shù zài huó. Wǒ bìxū zhèyàng zuò, rúguǒ bú zhèyàng zuò, tā jiù huì bǎ wǒ de shīfu fàng jìn rè yóu lǐ! Rúguǒ nǐmen zhīdào zěnme ràng zhè kē shù zài huó de bànfǎ, qǐng gàosù wǒ."

"A, nǐ yǒu máfan le," Fú Xīng shuō. "Zhènyuánzǐ dàshī shì tǔdì shén de yéyé, nǐ méiyǒu bànfǎ dǎ yíng tā, yě méiyǒu bànfǎ cóng tā nàlǐ táozǒu. Rúguǒ nǐ zhǐshì shā sǐle dòngwù huò niǎo, wǒ kěyǐ gěi nǐ yìxiē yào, ràng tāmen huó. Dànshì nà kē dà rénshēn shù shì suǒyǒu shèng shù de gēn. Wǒ bù zhīdào zěnme bāngzhù nǐ!"

Sūn Wùkōng méiyǒu shuōhuà. Suǒyǐ, Fú Xīng jìxù shuōdao:

庙，怎么拿了吃了人参果，然后怎么打倒那棵大树的故事。然后，他讲了镇元子大师是怎么回来，怎么抓住他们两次，他自己怎么两次逃走的故事。

"所以，"他最后说，"我告诉镇元子大师，我可以找到办法让他的树再活。我必须这样做，如果不这样做，他就会把我的师父放进热油里！如果你们知道怎么让这棵树再活的办法，请告诉我。"

"啊，你有麻烦了，"福星说。"镇元子大师是土地神的爷爷，你没有办法打赢他，也没有办法从他那里逃走。如果你只是杀死了动物或鸟，我可以给你一些药，让它们活。但是那棵大人参树是所有圣树的根。我不知道怎么帮助你！"

孙悟空没有说话。所以，福星继续说道：

"Dànshì, nǐ kěnéng huì zài lìng yígè dìfāng zhǎodào bànfǎ."

"Kěnéng ba, dànshì qǐng jì zhù, wǒ zhǐyǒu sān tiān. Sān tiān yǐhòu, wǒ de shīfu huì duì wǒ niàn mó yǔ, wǒ de tóu huì hěn tòng!"

"Búyòng dānxīn," Shòu Xīng shuō. "Zhènyuánzǐ dàshī rènshì wǒmen. Wǒmen qù gàosù tā, nǐ zhèngzài zhǎo yì zhǒng ràng tā de shù zài huó de bànfǎ. Zhènyuánzǐ huì qǐng nǐ de shīfu zài gěi nǐ jǐ tiān de shíjiān."

Ránhòu, sān gè dà xīng qù le sìmiào, hé Zhènyuánzǐ tánhuà, ràng Tángsēng tóngyì zài duō gěi Sūn Wùkōng jǐ tiān de shíjiān.

Wǒ de háizi, wǒ bù gàosù nǐ Sūn Wùkōng zài zhè jǐ tiān lǐ zuò de suǒyǒu shìqing, huò tā hé suǒyǒu shénxiān de tánhuà. Dànshì méiyǒu rén néng bāngzhù tā ràng rénshēn shù zài huó. Zhǎo le jǐ tiān, tā juédìng qù Pǔtuóluò Jiā Shān hé fózǔ lǎoshī Guānyīn tán. Tā lái dào le Pǔtuóluò Jiā Shān. Mǎshàng, yì zhī dàxióng zhàn zài tā

"但是，你可能会在另一个地方找到办法。"

"可能吧，但是请记住，我只有三天。三天以后，我的师父会对我念魔语，我的头会很痛！"

"不用担心，"寿星说。"镇元子大师认识我们。我们去告诉他，你正在找一种让他的树再活的办法。镇元子会请你的师父再给你几天的时间。"然后，三个大星去了寺庙，和镇元子谈话，让唐僧同意再多给孙悟空几天的时间。

我的孩子，我不告诉你孙悟空在这几天里做的所有事情，或他和所有神仙的谈话。但是没有人能帮助他让人参树再活。找了几天，他决定去普陀洛伽山和佛祖老师观音谈。他来到了普陀洛伽山。马上，一只大熊站在他

Miànqián, shuō: "Sūn Wùkōng, nǐ zhè zhǐ lǎo hóuzi, nǐ yào qù nǎlǐ?"

Sūn Wùkōng kàn dào shì Hēi Fēng Shān de yāoguài, zhè yāoguài xiànzài shì zài bāng Guānyīn bǎohù tā de shān. Sūn Wùkōng shuō: "A, shì nǐ a! Bié duì wǒ hǎn, lǎo xióng. Nǐ yīnggāi gǎnxiè wǒ, jiào wǒ 'lǎoyé'. Rúguǒ búshì wǒ, nǐ kěnéng yǐjīng sǐ zài Hēi Fēng Shān le. Dànshì, xiànzài nǐ wèi fózǔ Guānyīn zuòshì, nǐ tīng tā jiǎng fó, nǐ guòzhe hěn shūfú de shēnghuó. Nǐ xiànzài zěnme shuō?"

Xióng yāoguài huídá: "Ràng wǒmen wàngjì guòqù. Fózǔ Guānyīn ràng wǒ lái jiàn nǐ. Gēn wǒ lái." Tāmen yīqǐ zǒu dào zhú shùlín, Guānyīn zuò zài nàlǐ. Xióng zǒu le. Sūn Wùkōng xiàng tā jūgōng, děng tā shuōhuà.

"Gàosù wǒ, hóuzi, Tángsēng zài nǎlǐ?"

"Tā zài Chángshòu Shān shàng."

面前，说："孙悟空，你这只老猴子，你要去哪里？"

孙悟空看到是黑风山的妖怪，这妖怪现在是在帮观音保护她的山。孙悟空说："啊，是你啊！别对我喊，老熊。你应该感谢我，叫我'老爷'。如果不是我，你可能已经死在黑风山了。但是，现在你为佛祖观音做事，你听她讲佛，你过着很舒服的生活。你现在怎么说？"

熊妖怪回答："让我们忘记过去。佛祖观音让我来见你。跟我来。"他们一起走到竹树林，观音坐在那里。熊走了。孙悟空向她鞠躬，等她说话。

"告诉我，猴子，唐僧在哪里？"

"他在长寿山上。"

"Nà li yǒu yígè sìmiào, shì Zhènyuánzǐ dàxiān shī de jiā. Nǐ jiànguò tā ma?"

Sūn Wùkōng duō cì zài dìshàng kētóu, shuō: "Shì de. Nǐ nà bèn túdì shānghài tā de shù, ràng tā shēngqì le. Hǎo ba, shuō zhēn huà, wǒ shā sǐ le tā de shù. Dàshī bù zài jiā, tā liú xià le liǎng gè niánqīng túdì qù jiàn wǒmen. Zhū Wùnéng tīng shuōguò zhè guǒzi, tā xiǎng shì shì. Suǒyǐ, wǒ ná le yìxiē guǒzi gěi tā, Shā hé wǒ zìjǐ. Niánqīng túdì fāxiàn le, kāishǐ xiàng wǒmen dà hǎn. Wǒ shēngqì le, suǒyǐ, wǒ dǎdǎo le rénshēn shù. Xiànzài, Zhènyuánzǐ dàshī zhèng liúzhe wǒ de shīfu, xiǎng bǎ tā fàng jìn rè yóu lǐ. Zài wǒ ràng shù zài huó qǐlái qián, tā bú huì ràng shīfu zǒu de. Qǐng bāngzhù wǒmen!"

"Dāngrán, wǒ kěyǐ bāngzhù nǐ," tā shuō. "Méi wèntí. Xǔduō nián yǐqián, Tàishàng Lǎojūn zài huǒpén zhōng fàng le yì kē xiǎo liǔshù, yìzhí dào tā dōu biàn chéng yòu hēi yòu gàn. Ránhòu tā bǎ tā huán gěi wǒ. Wǒ bǎ liǔshù fàng zài huāpíng lǐ. Yìtiān yígè wǎnshàng yǐhòu, liǔshù yòu huó le, yǒu le lǜyè. Rú

"那里有一个寺庙，是<u>镇元子</u>大仙师的家。你见过他吗？"

<u>孙悟空</u>多次在地上磕头，说："是的。你那笨徒弟伤害他的树，让他生气了。好吧，说真话，我杀死了他的树。大师不在家，他留下了两个年轻徒弟去见我们。<u>猪</u>悟能听说过这果子，他想试试。所以，我拿了一些果子给他，<u>沙</u>和我自己。年轻徒弟发现了，开始向我们大喊。我生气了，所以，我打倒了人参树。现在，<u>镇元子</u>大师正留着我的师父，想把他放进热油里。在我让树再活起来前，他不会让师父走的。请帮助我们！"

"当然，我可以帮助你，"她说。"没问题。许多年以前，<u>太上老君</u>在火盆中放了一棵小柳树，一直到它都变成又黑又干。然后他把它还给我。我把柳树放在花瓶里。一天一个晚上以后，柳树又活了，有了绿叶。如

guǒ wǒ néng wèi Tàishàng Lǎojūn de liǔshù zuò zhège, wǒ yě néng wèi nà kē rénshēn shù zuò zhège."

Guānyīn zhàn qǐlái, ná qǐ huāpíng, zǒu le. Sūn Wùkōng gēnzhe tā, xiào le.

Bùjiǔ yǐhòu, sìmiào lǐ, Zhènyuánzǐ dàshī táitóu, kànjiàn Guānyīn hé Sūn Wùkōng zài yún zhōng fēi xiàng tāmen. "Kuài," tā dàshēng hǎn dào, "fózǔ Guānyīn dào le. Kuài lái jiàn tā!" Sān gè dà xīng shénxiān, Tángsēng, Zhū, Shā hé Zhènyuánzǐ de suǒyǒu túdì dōu chūlái jiàn Guānyīn.

Guānyīn lái dào de shíhòu, Zhènyuánzǐ dàshī duì tā shuō: "Dàxiān zǔ, huānyíng lái dào wǒmen de sìmiào. Dànshì gàosù wǒ, wèishénme wǒmen de fózǔ lǎoshī yào guānxīn wǒmen zhèxiē bú zhòng yào de shìqing?"

"Tángsēng shì wǒ de túdì." Tā huídá shuō. "Hóuzi shì tā de túdì. Suǒyǐ wǒ duì tā hěn guānxīn. Xiànzài, wǒ zhǔnbèi ràng nǐ guìzhòng de shù zài huó." Tā dàizhe lù, zǒu jìn

果我能为<u>太上老君</u>的柳树做这个，我也能为那棵人参树做这个。"

<u>观音</u>站起来，拿起花瓶，走了。<u>孙悟空</u>跟着她，笑了。

不久以后，寺庙里，<u>镇元子</u>大师抬头，看见<u>观音</u>和<u>孙悟空</u>在云中飞向他们。"快，"他大声喊道，"佛祖<u>观音</u>到了。快来见她！"三个大星神仙，<u>唐僧</u>，<u>猪</u>，<u>沙</u>和<u>镇元子</u>的所有徒弟都出来见<u>观音</u>。

<u>观音</u>来到的时候，<u>镇元子</u>大师对她说："大仙祖，欢迎来到我们的寺庙。但是告诉我，为什么我们的佛祖老师要关心我们这些不重要的事情？"

"<u>唐僧</u>是我的徒弟。" 她回答说。"猴子是他的徒弟。所以我对它很关心。现在，我准备让你贵重的树再活。"她带着路，走进

huāyuán. Zhènyuánzǐ dàshī gēnzhe tā, ránhòu shì sān gè dà xīng shénxiān, Tángsēng hé tā de sān gè túdì, hé suǒyǒu qítā de túdì. Tāmen dào le huāyuán. Dōu kàn dào le nà kē dà shù, dǎo zài yìbiān, dìshàng dōu shì bèi dǎ huài de shùzhī.

"Wùkōng, bǎ nǐ de shǒu gěi wǒ," Guānyīn shuō. Tā gěi le tā de zuǒshǒu. Guānyīn ná le yī gēn xiǎoliǔ shùzhī, zài huāpíng zhōng qīng qīng diǎn le yíxià, ránhòu yòng tā zuò máobǐ zài Sūn Wùkōng de shǒu shàng xiě le mó yǔ. "Xiànzài, bǎ nǐ de shǒu fàng zài shù gēn shàng, ránhòu děngzhe." Wùkōng zǒu dào nà kē shù, bǎ shǒu fàng zài yí gēn bèi dǎ huài de shù gēn shàng.

Hěn kuài, yì gǔ tiánshuǐ kāishǐ cóng dì li chūlái.

Guānyīn shuō: "Zhè shì shénqí de shuǐ. Tā bùnéng yù dào huǒ, shuǐ, mù, jīn hé tǔ. Bìxū yòng yù zuò de dōngxī qǔ tā. Xiànzài, tuī nà kē shù ràng tā zhí qǐlái, yòng yù zuò de dōngxī qǔ shénqí de shuǐ, bǎ shuǐ dǎo zài shù shàng."

花园。镇元子大师跟着她，然后是三个大星
神仙，唐僧和他的三个徒弟，和所有其他的
徒弟。他们到了花园。都看到了那棵大树，
倒在一边，地上都是被打坏的树枝。

"悟空，把你的手给我，"观音说。他给了
他的左手。观音拿了一根小柳树枝，在花瓶
中轻轻点了一下，然后用它做毛笔在孙悟空
的手上写了魔语。"现在，把你的手放在树
根上，然后等着。" 悟空走到那棵树，把
手放在一根被打坏的树根上。

很快，一股甜水开始从地里出来。观音说：
"这是神奇的水。它不能遇到火，水，木，
金和土。必须用玉做的东西取¹⁶它。现在，
推那棵树让它直起来，用玉做的东西取神奇
的水，把水倒在树上。"

---

¹⁶ 取　　　qǔ – to take

悟空把手放在一根打坏的
树根上。

Wùkōng bǎ shǒu fàng zài yī gēn dǎ huài de
shù gēnshàng.

*Wukong put his hand on
the broken tree root.*

Yí wèi túdì shuō, "Wǒmen yǒu hē chá de yù chábēi hé yù jiǔbēi. Nà kěyǐ ma?"

"Chábēi hé jiǔbēi dōu méiyǒu wèntí. Zhǐyào tāmen shì yù de, kěyǐ qǔ shuǐ, jiù kěyǐ. Xiànzài qù bǎ tāmen ná lái!"

Sūn Wùkōng tuī nà kē shù, bǎ shù zhí le qǐlái. Sìmiào de túdì men pǎo jìn chúfáng, ná le sānshí gè yù chábēi hé wǔshí gè yù jiǔbēi huílái. Tāmen dōu guòlái yòng yù chábēi hé yù jiǔbēi qǔ le shuǐ, bǎ shuǐ dǎo zài shù xià. Guānyīn zhàn le qǐlái, niànzhe mó yǔ. Bùjiǔ, zhè kē shù biàn lǜ le, yǒu le xǔduō yèzi hé xīn de shùzhī. Měi gè rén táitóu, shǔ le èrshísān gè rénshēnguǒ.

"Wèishénme shì èrshísān gè, búshì èrshí'èr gè?" Qīngfēng wèn.

Sūn Wùkōng shuō: "Nàtiān, lǎo hóuzi xiǎng yào zhāi sì gè guǒzi, dànshì yígè diào zài dìshàng bùjiàn le. Hǎoxiàng nà yígè yòu huí dào

108

一位徒弟说，"我们有喝茶的玉茶杯和玉酒杯。那可以吗？"

"茶杯和酒杯都没有问题。只要它们是玉的，可以取水，就可以。现在去把它们拿来！"

孙悟空推那棵树，把树直了起来。寺庙的徒弟们跑进厨房，拿了三十个玉茶杯和五十个玉酒杯回来。他们都过来用玉茶杯和玉酒杯取了水，把水倒在树下。观音站了起来，念着魔语。不久，这棵树变绿了，有了许多叶子和新的树枝。每个人抬头，数了二十三个人参果。

"为什么是二十三个，不是二十二个？"清风问。

孙悟空说："那天老猴子想要摘四个果子，但一个掉在地上不见了。好像那一个又回到

shù shàng, hé qítā de èrshí'èr gè zài yìqǐ le. Zhū, nǐ shuōguò wǒ bǎ nàgè guǒzi liú gěi le wǒ zìjǐ, dànshì nǐ kěyǐ kànjiàn, wǒ méiyǒu!"

Zhènyuánzǐ dàshī fēicháng gāoxìng. Tā yào le jīn bàng, bǎ shí gè guǒzi dǎ xiàlái. Ránhòu tā qǐng dàjiā dào zhǔ diàn cānjiā Rénshēnguǒ Yànhuì. Guānyīn zuò zài zuì shàngmiàn. Sān gè dà xīng shénxiān zài tā de zuǒbiān, Tángsēng zài tā de yòubiān. Zhǔrén Zhènyuánzǐ dàshī zuò zài tā duìmiàn. Guānyīn zhàn qǐlái, dú le zhè shǒu shī:

Zài Chángshòu shān de shāndòng lǐ

Rénshēnguǒ měi jiǔqiān nián chéng shú yícì

Nà kē shù bèi dǎdǎo le, shù gēn chūlái le

Dànshì, tiánshuǐ ràng tā yòu huó le

Sān gè dà xīng shénxiān yù dào tāmen de lǎo péngyǒu

Sì gè héshàng zhǎodào xīn péngyǒu

Xiànzài tāmen xuéhuì le chī rénshēnguǒ

Tāmen huì chángshēng bùlǎo.

树上，和其他的二十二个在一起了。猪，你说过我把那个果子留给了我自己，但是你可以看见，我没有！"

镇元子大师非常高兴。他要了金棒，把十个果子打下来。然后他请大家到主殿参加人参果宴会。观音坐在最上面。三个大星神仙在她的左边，唐僧在她的右边。主人镇元子大师坐在她对面。观音站起来，读了这首诗：

在长寿山的山洞里

人参果每九千年成熟一次

那棵树被打倒了，树根出来了

但是，甜水让它又活了

三个大星神仙遇到他们的老朋友

四个和尚找到新朋友

现在他们学会了吃人参果

他们会长生不老。

Tángsēng kànzhe rénshēnguǒ hěn cháng shíjiān.

Ránhòu tā mànman zhāng kāi zuǐ, yǎo le yǐ xiǎo kǒu.

Tā xiào le. "Zhè hěn hǎo. Wǒ xǐhuān!" tā shuō.

Měi gè rén dōu yǒu le yígè měihǎo de yànhuì, ránhòu, tāmen lèi le, yígè wǎnshàng dōu shuì dé hěn hǎo. Sì wèi yóurén zhǔnbèi dì èr tiān líkāi, dàn Zhènyuánzǐ dàshī yǐjīng hé Sūn Wùkōng chéngwéi le hǎo péngyǒu, tāmen xiǎng nénggòu yǒu jǐ tiān shíjiān zài yìqǐ.

Zuìhòu, yòu shì wǔ tiān de yànhuì, tánhuà hé xiūxí, sì wèi yóurén hé xīn péngyǒu shuō zàijiàn, jìxù le tāmen de xīyóu.

唐僧看着人参果很长时间。然后他慢慢张开嘴，咬了一小口。他笑了。"这很好。我喜欢！"他说。

每个人都有了一个美好的宴会，然后，他们累了，一个晚上都睡得很好。四位游人准备第二天离开，但镇元子大师已经和孙悟空成为了好朋友，他们想能够有几天时间在一起。最后，又是五天的宴会，谈话和休息，四位游人和新朋友说再见，继续了他们的西游。

THE MAGIC GINSENG TREE

My dear child, tonight I will tell you a story about a magic ginseng tree. You probably already know about ginseng. It's small and it grows in the forest. Your father finds ginseng roots there, and your mother uses them to make medicinal tea. But tonight I will tell you the story of a different kind of ginseng tree. This tree was magic, it came from Heaven. And of course, Tangseng's disciples caused a lot of trouble when they saw the tree!

The monk Tangseng was riding his horse westward along the great Silk Road, with his three disciples – the powerful but difficult monkey Sun Wukong, the hungry pig Zhu Bajie, and the kind-hearted Sha Wujing.

One day they arrived at a tall mountain. "Let's be careful," said Tangseng, "there may be monsters on this mountain."

But Sun Wukong just replied, "What do you have to be afraid of, Master? You have three powerful disciples to protect you. Don't worry!"

The mountain was beautiful, with countless birds, monkeys and animals living in the trees and grasses near the bottom. The top of the mountain reached to the sky, and was white with snow. "This mountain is so beautiful!" said Tangseng, "Perhaps we are close to Thunderclap Mountain!"

But Sun Wukong just laughed and said, "Sorry, Master,

but we are still one hundred and eight thousand miles away."

"How long will it take us to get there?" asked Zhu Bajie.

"I could go to Thunderclap Mountain and come back fifty times in a single day. You and Sha Wujing could get there in ten days. But for the Master, don't even ask me!"

"How long?" asked Tangseng.

"Start walking as a child, keep walking until you are old, then die and be born again, and keep walking. Do that a thousand lifetimes and you still might find it difficult to get to Thunderclap Mountain. But there is another way. If you learn how to see the Buddha in everything, and when every one of your thoughts returns to the place where it began, then you will arrive."

Tangseng and the other disciples walked silently for a time. Finally Sha Wujing said, "Well, it is still a beautiful mountain. I think it must be the home of a good man, or maybe even an immortal."

My child, I must tell you that Sha Wujing was correct. The name of the mountain was Long Life Mountain. On the side of the mountain was a Daoist monastery called Five Villages monastery. And the master of the monastery was an immortal called Master Zhenyuanzi, the Lord Equal to Earth. Forty eight of the Master's disciples also lived at the monastery.

There was something very special about this monastery. In a garden in the middle of the monastery was a large ginseng tree. This tree flowered just once every three thousand years. Then three thousand years later it produced fruit, and three thousand years after that, the fruit became ripe. Although the tree was very large, it only produced thirty ripe fruits after nine thousand years. The fruits were strange, Each fruit looked like a newborn baby, with a head, two arms and two legs. But the fruit had powerful magic: if a person ate one of these fruits they would live for forty seven thousand years.

On the day that Tangseng and his disciples arrived at Long Life Mountain, Master Zhenyuanzi was not home. One of the Immortals in heaven had invited him to hear a lecture on the Dao, and so he went to heaven, taking forty six disciples with him. He told the two youngest disciples, Clear Breeze and Bright Moon, to stay at the monastery. They were both quite young. Clear Breeze was one thousand two hundred twenty years old, and Bright Moon was only one thousand two hundred years old.

Master Zhenyuanzi said to the two disciples, "I must go and listen to this lecture. You two take care of the monastery while I am gone. An old friend of mine will arrive soon. He is a holy monk from the land of the Tang Emperor. Treat him well. You may give him two of the fruits from the ginseng tree. But just two, no more."

The Master turned to go, then he stopped and said, "Oh, one more thing. This monk will have some disciples with him. Be careful, because I have heard that these disciples can be troublemakers. Don't tell them about the fruits or the tree, they may cause trouble if they hear about these things!" And then he flew up to heaven with the other disciples to hear the lecture.

The next day, Tangseng and his three disciples arrived at the monastery. The monastery was in middle of a forest, with a bamboo path leading to the front gate. Tangseng dismounted from his horse and they walked through the front gate. They came to a second gate. On the ground just outside the second gate was a large stone, with these words carved into it:

> Living long, ever young,
> This immortal Daoist home
> Is the same age as heaven itself.

Sun Wukong said, "Such big words! When I was causing trouble in Heaven five hundred years ago, I was in many fine homes, even the home of Laozi, and I never saw words like this."

"Don't listen to him," said Zhu Bajie. "Let's go inside and meet this old Daoist."

As they walked through the second gate, Bright Moon and Clear Breeze arrived to greet them, saying "Old Master, please forgive us for arriving late to meet you! Please come in." There were five large rooms. Tangseng and the disciples followed them into the main room in the center. On the back wall, two large characters,

"Heaven" and "Earth" were embroidered in five colors.

Tangseng looked at the characters for a while, then he turned and said to the two young men, "Your monastery is truly a beautiful place! But why do you only write Heaven and Earth on the wall? Don't you worship the Three Pure Ones, the Gods of the Four Quarters, or the many Lords of Heaven?"

One of the young men replied, "The Three Pure Ones and the Four Gods are his old friends, and the Lords of Heaven are his junior colleagues. We use the word Heaven to flatter them."

"And where is your teacher now?"

"Our teacher has been invited to hear a lecture on the Dao in a palace in heaven. He's not home."

Sun Wukong laughed and shouted, "Just listen to this stupid kid! Who invited his master to heaven? What kind of lecture is he going to hear?"

Tangseng was worried that Sun Wukong would become angry and cause trouble, so he said, "Wukong, stop this right now. Go outside and graze the horse. Sha, take care of the luggage. Zhu, get some grain from our bags. We can fix some dinner for ourselves, pay these young men a little bit for the firewood that we use, and we will leave. We won't bother them anymore."

After this, the two young men served tea to Tangseng. Then the young men went into another room to talk.

Clear Breeze said, "I don't like these people, but we must obey our master. We must give two ginseng fruits to the Tang monk." So they went to the garden and Clear Breeze climbed the tree. He gently hit one of the ginseng fruits with a golden rod. The fruit fell. Before it reached the ground, Bright Moon caught it in a silk handkerchief. Clear Breeze hit another fruit and Bright Moon caught it in the handkerchief.

The two young men returned to Tangseng and showed him the two fruits, saying, "Master, we have very little to offer you except these fruits that we grow here in the monastery. Please enjoy them!"

Tangseng looked down at the fruits, which looked just like newborn babies. His eyes grew big, his mouth opened, and he backed away three feet. "This is terrible! Do you have so little food that you must eat little babies? How can you give these to me?"

The two young men thought to themselves, "This foolish monk has eyes but he cannot see." Bright Moon said aloud, "Master, don't worry, these are not babies. They are ginseng fruit. They will give you health and long life. It is all right for you to eat them!"

"No, I cannot! Their parents brought these babies into the world. How can you offer them to me as if they were fruits?"

"But they grew on a tree!"

"Of course they did not grow on a tree. It's clear to see

that they are babies!"

The two young men did not discuss it anymore. They just took the fruits and went back to their own room. They knew that the fruits had to be eaten quickly. If not, they would become hard and inedible. So they each ate one of them.

Now, Zhu Bajie was in the kitchen, preparing dinner. He heard everything. He did not see the ginseng fruits, but he heard the two young men talking and eating the fruits, and he became very hungry. He ran outside and grabbed Sun Wukong and said, "There is treasure in this temple!"

"What kind of treasure?"

"It's something you have never seen before!"

"Younger Brother, I have traveled all over the world and throughout all of heaven. I have seen everything!"

"Elder Brother, have you ever seen a ginseng fruit?"

"No, I have never seen one. But I have heard that it will give you long life if you eat one."

"They have ginseng fruits right here in this monastery. They offered two of the fruits to our Master, but he could not see what they were. He only thought they were newborn babies! So the two young men took the fruits back to their room and ate them both. Ah, I am so hungry, I really, really want one right now! Can you help?" And then he told Sun Wukong about the small golden rod.

Sun Wukong walked quietly into the young mens' room, found the golden rod, and picked it up. Then he entered the garden, where he found a huge tree. The tree was a thousand feet tall, and the trunk was sixty feet around. He looked up and saw a ginseng fruit on the tree. It looked just like a baby. Sun Wukong climbed up the tree and tapped the fruit with the small golden rod. The fruit dropped to the ground. He jumped down to pick up the fruit, but he could not find it.

"Where is the fruit?" he asked. "Someone must have taken it!" He spoke a magic spell to summon the local spirit of the garden. The local spirit appeared and bowed to Sun Wukong, saying, "Great sage, what can I do for you?"

"Why did you take my fruit? Tell me now, or I will strike you with my rod!"

"Oh great sage, I did not take it. I must tell you about this fruit. If it touches gold, it will fall. If it touches wood, it will harden. If it touches water, it will melt. If it touches fire, it will dry out. And if touches earth, it will disappear. So, if you want the fruit, you must tap it with a golden mallet, then you must catch it with a silk handkerchief before it touches the ground."

Sun Wukong climbed the tree again, and found three more fruits. He tapped them with the gold mallet, and they fell. He caught them in the front of his silk shirt, and ran back into the kitchen. "Call Sha Wujing," he said to Zhu Bajie, "we can each eat one of them."

Zhu called Sha, who came in and saw the ginseng fruits. "I have never eaten one of these before," he said. "But when I was the Curtain Raising Captain, I was in the palace during the Festival of the Immortal Peaches. I saw immortals give this gift to the Queen Mother as a birthday gift. Elder Brother, will you let me try one?"

"Of course!" said Sun Wukong, and he gave one to Zhu and one to Sha. Sun Wukong and Sha ate theirs slowly. But Zhu opened his mouth and swallowed it. He looked at Sun Wukong and asked, "So, how did you like it?"

"You just ate one!" said Sun Wukong. "You tell me."

"I ate it too fast, and I could not taste it. And now I am even more hungry. Please, give me another one!"

"You hungry pig, you don't know when to stop. This is not like eating rice or noodles. There are only thirty of these fruits in nine thousand years."

That was the end of the discussion, but Zhu was still hungry. He was talking to himself about wanting to eat more of the ginseng fruits when Clear Breeze and Bright Moon came back into the kitchen to prepare tea for Tangseng. They heard him talking to himself. Clear Breeze said, "Bright Moon, did you hear that pig talking about wanting to eat more ginseng fruit? I think this is what our Master told us. These disciples are troublemakers. Maybe they stole our treasure!"

They ran into the garden and looked up at the great tree. They carefully counted all the ginseng fruits in the tree. There were just twenty two. Bright Moon said, "There were originally thirty fruits. Last week Master gave two to all of his disciples, and yesterday he told us to give two to the Tang Monk. So there should be twenty six. That foolish monk and his troublemaking disciples must have taken four of our fruits!"

They returned to Tangseng and began shouting at him, calling him a thief and other terrible things. "What are you talking about?" asked Tangseng. "What are these fruits you are talking about?"

"You know these fruits," said Bright Moon. "They look like little babies."

"Ah, Buddha! In my whole life I would not eat one of those terrible things!"

"That may be true. But your disciples are troublemaking theives. They probably took the fruits."

"That may be," replied Tangseng. "But no need to get angry. Let's ask them." He raised his voice. "Disciples, come here, all of you."

"Ah no," cried Zhu. "We are in big trouble now." So the three disciples went to see Tangseng. "Master," said Zhu, "why did you call us? The rice is not ready to eat yet."

"I did not call you to ask about the rice," said Tangseng.

"These two young men say that several babies, I mean ginseng fruits, have been taken from the great tree. They think that you did it. Now tell me the truth. Did you take the fruits?"

Sun Wukong said, "I only took the fruits because Zhu wanted them." Then Zhu looked at him and said, "What? You took the fruits. And you told me you only took three fruits, but these young men say four were taken. Did you keep one for yourself and not tell us?"

Clear Breeze and Bright Moon started shouting at Tangseng and the three disciples, calling them thieves. Sun Wukong listened to them shouting, and he became more and more angry. He said to himself, "OK, I can solve this problem. I will make sure nobody has any more fruits to eat." He pulled a hair from his head, blew on it, and said, "Change!" The hair changed into a monkey that looked just like Sun Wukong. This second Sun Wukong stood quietly and listened to the shouting, while the first Sun Wukong flew into the garden. He brought out his Golden Hoop Rod, and hit the tree as hard as he could. The tree fell to the ground with a huge sound. Broken branches and leaves were scattered everywhere. All the fruits fell off the tree, hit the ground, and disappeared.

He returned to the room where the two young men were still shouting. He took the second Sun Wukong back into his body so quickly that nobody saw the change.

After a while, Clear Breeze said to Bright Moon, "You

know, we have been shouting at these monks for a long time now, and they have not said anything. Do you think that perhaps they did not take the fruits? Maybe we counted wrong. Let's go back to the tree and count the fruits again."

So they returned to the garden. But they did not see a great tree. They saw a mountain of broken branches, roots, and leaves. Both were very frightened. Bright Moon began to shake and he could not speak. Clear Breeze fell to the ground and shouted, "Disaster! Disaster! The magic tree of our monastery is broken! What will we tell our Master when he returns?"

Bright Moon said, "Stop shouting and quiet down, my friend. I think the monkey did this. But he is very powerful. If he becomes angry, we cannot win a fight against him, much less against all four of them. But I have another idea. Let's go back and give them their dinner of rice and vegetables. While they are eating, we will leave the room and lock the door from the outside. Then we will just wait for our Master to return. He will know what to do!"

They returned and said to Tangseng, "Master, we are sorry for using such bad language and shouting at you. We have counted the fruits again, and now we see that all the fruits are still on the tree. We are really, really sorry. Now, we would like to give you your dinner."

Of course, Sun Wukong and the other disciples knew that this was just a story. But Tangseng did not know. He said, "All right, then please just bring us some rice and vegetables. We will eat, and then we will leave right away."

The young men brought out rice, vegetables, and hot tea for the visitors. Tangseng and his disciples picked up their bowls and began to eat. The young men left the room, then they quickly closed the great door and locked it from the outside. Clear Breeze shouted at them through the locked door, "You terrible thieves! You took our fruit without asking. And then you killed our great tree. Who are you, to do such things? Do you really think that you can do such things and then journey to the Western Heaven to see the face of Buddha? Never! You will have to ride the Wheel of Rebirth and try again in another lifetime!"

When he heard this, Tangseng put down his food and began to cry. "Don't cry," said Sun Wukong, "Old Monkey will get us out of here." Of course, Tangseng was not just crying because he was locked in the room. He was crying because he knew that Clear Breeze was telling the truth. How could he and his disciples see the face of Buddha after everything they had just done?

Sun Wukong was not worried about this. He just wanted to get out of the room. He took out his Golden Hoop Rod, pointed it at the door, said some magic words, and the door opened. "Master, get on your horse. Zhu and Sha, pick up the baggage. Start walking down the road. I will find you later. First, I must make sure the young men sleep for a long time."

Tangseng's eyes grew big. He said, "Don't you dare hurt them, or you will be a killer as well as a thief."

"Don't worry," replied Sun Wukong, "I won't hurt them." He went to the room where the young men were sleeping. A long time ago, he had played a game of guess-fingers with one of the heavenly kings, and he had won a few sleep-causing insects. He still had a few of them in his bag. He took out two of the insects. They flew straight towards the two young men, and bit them. The two young men fell into a deep sleep and could not be awakened. Then Sun Wukong left the monastery and together with Tangseng, Zhu and Sha they walked westward.

They walked all through the night. At dawn, Tangseng said, "Monkey, you have almost killed me! I am so tired." So they walked off the road, into the woods a little bit. Tangseng lay down on the ground with his head on a tree root and fell asleep. Zhu and Sha also slept. But Sun Wukong was not tired. He wanted to play, so he climbed some trees and jumped from branch to branch.

Now, during all this, the great immortal, Master Zhenyuanzi, was in one of the heavenly palaces with his disciples, listening to a lecture on the Dao. When the lecture was finished, he returned to the monastery with the forty six disciples. He saw that the gates were open. He thought that Bright Moon and Clear Breeze had opened the gate to welcome him home. But he could not find them anywhere. "Well," he thought, "maybe they just forgot to close the gates last night before they went to bed." He went into their room and found them deeply asleep. He could not wake them up. So he asked one of his other disciples to get a cup of water. The Master recited a magic spell, then spat some water into the faces of Bright Moon and Clear Breeze. This broke the sleep spell, and the two young men woke up.

Bright Moon and Clear Breeze opened their eyes. They saw the face of their Master. Right away they knelt down, cried, and kowtowed again and again, saying, "Master, your old friend the Tang Monk is a terrible thief! He arrived just as you said he would, with three disciples. We obeyed your command and gave him two ginseng fruits. But the old man was a fool, he could not see the fruits clearly, he thought they were babies! He refused to eat them. So we had to eat the fruits ourselves. But then one of his disciples, a monkey, took four fruits and ate them. And then, oh, I really don't know how to say this, he struck down the great tree!" And he began to cry and kowtow again.

Master Zhenyuanzi was not angry. He just said, "Don't cry. Don't cry. That monkey has great power, he is an immortal himself, and a long time ago he caused much trouble in heaven. Just tell me: if you see these four again, will you recognize them?"

"Certainly!" they both said.

"Then come with me." Then he told his other disciples to prepare some ropes and a whip.

Master Zhenyuanzi, Clear Breeze and Bright Moon flew quickly a thousand miles to the west. Zhenyuanzi looked down but he could not see Tangseng. He looked to the west and could not see him. Then he looked east, and nine hundred miles away he saw Tangseng and the other disciples. They all flew back, and looked down from the clouds. "Master," said one of the young men, "that's the Tang Monk sitting beneath that tree, drinking tea."

"I see him," said Master Zhenyuanzi. "You go back to the monastery now. I will catch these thieves myself." Then he came down to earth and changed into an old man, a poor Daoist monk. He wore an old robe, old straw sandals on his feet, and in his hand he held a yak's tail.

He walked up to Tangseng and said, "Elder, this poor monk greets you!"

Tangseng stood up quickly and replied, "Pardon me for not greeting you first."

"May I ask, where did the elder come from, and why was he sitting on the ground?"

"I am a monk sent by the great Tang Emperor to India to find the Buddha's books and bring them back to the East."

"Ah, I see. Tell me, when you came from the East, did you pass through my poor mountain home? I live in the Five Villages monastery. Perhaps you saw it."

Sun Wukong was standing nearby. Before Tangseng could answer, he said, "No, no, we came by a different road."

The great Immortal pointed a finger at Sun Wukong and said, "Lying monkey, what story are you telling me now? You struck down my ginseng tree, then you ran away into the night! Don't lie to me. Just bring me another tree right away."

Without saying a word, Sun Wukong took out his Golden Hoop Rod and tried to strike the Immortal's head. Zhenyuanzi easily stepped aside to avoid the blow, then he flew up to the clouds. Sun Wukong followed him, and they began to fight in the sky. Zhenyuanzi had no weapon, just the little yak's tail. Sun Wukong struck at him again and again, but he could not hit Zhenyuanzi. After a while, Zhenyuanzi opened the sleeve of his robe and scooped up all four of them plus the horse.

"Well, now we are all together in a bag!" said Zhu.

"This isn't a bag, you fool, this is the sleeve of his gown," replied Sun Wukong.

Zhu tried to use his rake to make a hole in the sleeve, but no matter how hard he tried, he could not make any holes.

Zhenyuanzi flew back to the monastery. He reached into his sleeve and picked up Tangseng first, and had him tied to one of the large pillars in the main room. Then he picked up the other three disciples, one at a time, and had each of them tied to one of the other pillars. Finally he took out the horse and put it outside, and he told one of his disciples to give it some hay.

Then he turned to his disciples and said, "Disciples, these travelers are monks who have left their homes. We should not kill them. However, we must punish them for striking down our ginseng tree. So we will whip them."

One of the disciples asked, "Master, which one should we whip first?"

"Tangseng is the eldest one, he is the leader. We will start with him."

This worried Sun Wukong, because he knew that Tangseng could not take a whipping like this. So he said to Zhenyuanzi, "Sir, you are wrong. I took the fruits, I ate the fruits, and I struck down your tree. So if you want to whip someone, whip me."

Zhenyuanzi said, "All right, monkey." Then he turned to the disciple who was holding the whip and said, "Give him one lash for each fruit that was on the tree. Thirty lashes." Just as the disciple started to whip him, Sun Wukong looked behind himself and saw that the whip was going to hit his legs. So he changed his legs to be as hard as steel.

When the whipping was finished. Zhenhuanzi said, "Now give the old monk a whipping, because he does not know how to control his disciples."

Quickly, Sun Wukong said, "Sir, you are wrong again. When the fruits were taken, my master was talking with your two disciples. He knew nothing about the fruits. Perhaps he should have controlled us better, it's true. But he had nothing to do with this. Whip us instead. And start with me."

Zhenyuanzi thought to himself, "This ape is a thief, but he is telling the truth here." So he told his disciple to lash Sun Wukong again. But of course Sun Wukong's legs were still as hard as steel and he was not hurt at all.

By now it was evening, and everyone was tired. So Zhenyuanzi said, "Let's stop for now. Put the whip in water, and tomorrow we will lash them again."

Tangseng began to cry again, saying, "Monkey, you did this, but I have to be punished because of it! I have not been whipped, but my body hurts from being tied up all day. What are you going to do now?"

"Stop crying," replied Sun Wukong. "Soon you can all get out." Then he made his body small. He easily escaped from the ropes that were holding him. He stood up, returned to his own size, and untied the ropes of the others. They all walked out of the monastery. Sun Wukong said to Sha, "Go over there and bring back four small willow trees."

Sha used his great strength to pull up four small willow trees, and gave them to Sun Wukong. Sun Wukong brought the willow trees into the monastery. He tied each willow tree to a pillar. Then he bit his finger and spat a little bit of blood onto each tree, saying, "Change!" Each of the four willow trees changed into one of the travelers. They looked just like the travelers, they could see and hear, and they could even answer simple questions. Then the travelers got onto the main road again and began to walk west. They walked all night, and only stopped to rest when the morning came.

In the morning, Zhenyuanzi woke up, ate his breakfast, and walked into the main hall. "Pick up the whip. Today we will whip the old monk." The disciple said to Tangseng, "I am going to flog you." "Go ahead," replied the tree that looked like Tangseng. The disciple gave him thirty lashes with the whip. Then he said to Zhu, "I am going to flog you." "Go ahead," replied the tree that looked like Zhu. And the disciple gave him thirty lashes. Then he said to Sha, "I am going to flog you." "Go ahead," replied the tree that looked like Sha. And the disciple gave him thirty lashes.

Finally, he started to whip Sun Wukong again. As soon as he started, the real Sun Wukong began to feel terrible pain. "Something is wrong," he said. "I used my magic to make these four bodies, but I did not think that they would whip me again. This really hurts! I need to stop the magic now."

He stopped the magic, and the four bodies changed into willow trees again. Master Zhenyuanzi saw this and said, "This Monkey King has powerful magic! But now I will catch him and bring him back again." Zhenyuanzi flew west, only a hundred miles this time, and he easily found Tangseng and the disciples.

Sun Wukong saw that Zhenyuanzi had returned. He said to Tangseng, "Master, let's forget about that little word 'kindness' for a while, ok?" Tangseng was too frightened to say anything. So Sun Wukong picked up his Golden Hoop Rod, Zhu Bajie picked up his rake, and Sha Wujing picked up his staff. The three of them began to fight with Zhenyuanzi. But they could not win. Zhenyuanzi easily blocked their blows with his little yak tail. After only a half hour of fighting, Zhenyuanzi scooped them up in his sleeve and brought them back to the monastery.

He had them tied up, but this time he told his disciples to wrap up each man in cloth. Their entire bodies were covered except for their faces. Zhu said, "Sir, thank you for leaving my face uncovered. But if I have to wait for a long time, I would be more comfortable if you also made another hole lower down."

The disciples brought out a huge frying pan, filled it with oil, and put it on a big fire. Sun Wukong thought this would be no problem for him, but he was worried about his friends. He also was worried that the frying pan might have some powerful magic. What could he do? He looked and saw a large stone lion near the gate. So he used his magic to quickly fly up to the clouds, and put the stone lion in his own place. It was done so quickly that nobody saw it.

The oil was now very hot. "Pick up the monkey and put

him in the frying pan," said Zhenyuanzi. Four disciples tried to pick him up, but he was too heavy. It took twenty disciples to pick him up and put him in the frying pan. The frying pan broke, all the oil burned in the fire, and all that was left was a stone lion.

Zhenyuanzi was very, very angry. "All right," he said, "let the monkey go. We will put the Tang monk in the frying pan instead." This worried Sun Wukong because he knew that Tangseng would die quickly in the frying pan. So he came down from the clouds, stood in front of Zhenyuanzi, and said, "Don't do that. Put me in the pan instead."

"I really don't want to put anyone in the frying pan," said Zhenyuanzi. "I just want my ginseng tree returned to me."

"Oh, is that all you want? You should have told me that a long time ago. It's no problem. Just untie my master and my friends, and I will return your ginseng tree to you." Zhenyuanzi thought about this. He did not trust the monkey, but he knew that Tangseng could not travel quickly. So he told his disciples to untie Tangseng, Zhu and Sha.

Zhu said to Tangseng, "This is a trick, but the trick is on us. Old Monkey knows that the tree is dead, and nobody can bring it back to life. He tells Zhenyuanzi that he is going to find medicine for the tree. But he will just leave and we will never see him again. Do you think he cares about us?"

"He would not leave us," said Tangseng. "Let's ask him what he is planning." Raising his voice, he called, "Wukong, what game are you playing? Where are you going?"

Sun Wukong replied, "Old Monkey is speaking the truth, and only the truth. You know the old saying, 'the cure comes from the sea'? I must go to the Great Eastern Ocean, visit the Immortals who live there, and find out how to bring the ginseng tree back to life."

"That's a big job. How long will it take you?"

"No longer than three days."

"All right, I will give you three days. After that, I will recite the spell to tighten the headband around your head, and you will have a terrible headache!"

"I hear you! I hear you!" replied Sun Wukong. Then he said to Zhenyuanzi, "I am leaving now. You must take good care of my Master. Make sure he gets three good meals every day, and drinks tea six times. If his clothes become dirty, wash them. If anything happens to my Master, I will make trouble for you when I return!"

"Go, go," said Zhenyuanzi. "I will see to it that your Master is well fed."

Sun Wukong used his Cloud Somersault to travel quickly to the Great Eastern Ocean, many thousands of miles away. He arrived at Penglai, the home of three of his friends, all of them immortal Stars. He saw the Star of

Blessing and the Star of Wealth playing a game of chess, while the Star of Long Life looked on. Sun Wukong called out, "Brothers, I bow to you!" The three Stars stopped their game and greeted him.

"Great sage," they said, "why did you come here? We heard that you stopped studying Daoism to follow the Buddha, and you are now traveling with a Tang monk to the Western Heaven. The journey must be difficult. How did you find the time to visit us?"

Sun Wukong said, "I must tell you, we have a little problem." Then he told them the story of how he arrived at the monastery, took the ginseng fruits and ate them, and then struck down the great tree. Then he told the story of how Master Zhenyuanzi returned and captured them – twice – and how he got away both times.

"And so," he concluded, "I told Master Zhenyuanzi that I would find a way to let his tree live again. I must do this, or he will put my Master in hot oil! If you know any way to restore this tree, please tell me."

"Ah, you have a problem," said the Star of Blessing. "Master Zhenyuanzi is the grandfather of the Earth Immortals, you cannot win against him in a fight and you cannot escape from him. If you had just killed an animal or a bird, I could give you some medicine to restore it to life. But the great ginseng tree is the root of all divine trees. I don't know how to help you!"

Sun Wukong said nothing to this. So the Star of Blessing

continued, "However, you might find a solution in another place."

"That may be, but remember, I only have three days. After that, my Master will recite a magic spell and my head will hurt!"

"Don't worry about that," said the Star of Long Life. "Master Zhenyuanzi knows us. We will go and tell him that you are searching for a way to heal his tree. Zhenyuanzi will ask your master to give you another few days." And so, the three Stars traveled to the monastery, talked with Zhenyuanzi, and got Tangseng to agree to give Sun Wukong a few more days.

My child, I will not tell you about everything that Sun Wukong did for the next few days, or all the Immortals that he talked with. But nobody could help him bring the ginseng tree back to life. After several days of searching, he decided to go to Potalaka Mountain and talk with Guanyin, the great Buddhist teacher. He arrived at Potalaka Mountain. Immediately, a large bear stood in front of him, saying "Sun Wukong, you old monkey, where do you think you are going?"

Sun Wukong saw that it was the monster of Black Wind Mountain, who now served Guanyin as guardian of her mountain. He said, "Oh, it's just you! Don't shout at me, you old bear. You should thank me and call me 'Great Father'. If not for me, you would be dead back on Black Wind Mountain. But instead, you serve the great Guanyin, you listen to her lectures on Buddhism, and you have a comfortable life. What do you say now?"

The bear monster just replied, "Let's forget the past. The great Guanyin asked me to meet you. Come with me." They walked together to a bamboo grove, where Guanyin was seated. The bear left. Sun Wukong bowed to her and waited for her to speak.

"Tell me, monkey, where is the Tang monk?"

"He is at Long Life Mountain."

"There is a monastery there, the home of the great Immortal Master Zhenyuanzi. Did you meet him?"

Sun Wukong hit his head on the ground several times and said, "Yes. Your foolish disciple made him angry by hurting his tree. Well, to tell the truth, I killed his tree. The Master was not home, he left two young disciples to meet us. Zhu Wuneng learned about the fruits, and he wanted to try one. So I took some fruits for him, Sha and myself. The young disciples found out and started shouting at us. I became angry, and, well, I struck down the ginseng tree. Now Master Zhenyuanzi is holding my master and wants to put him in hot oil. He will not let him go until I restore the tree to health. Please help us!"

"Of course I can help you," she said. "This is no problem. Many years ago, Laozi put a small willow tree in is brazier, and left it there until it was completely blackened and dried. Then he gave it back to me. I put the willow tree in my vase. After one day and one night, the willow tree was alive again and had green leaves. If I can do this for Laozi's willow tree, I can do it for that ginseng tree."

Guanyin stood up, picked up the vase, and left. Sun Wukong followed her, smiling.

A short time later, at the monastery, Master Zhenyuanzi looked up and saw Guanyin and Sun Wukong in the clouds, flying towards them. "Quick," he shouted, "The great teacher Guanyin has arrived. Come and meet her!" The three Stars, Tangseng, Zhu, Sha, and all of Zhenyuanzi's disciples all came out to meet Guanyin.

When Guanyin arrived, Master Zhenyuanzi said to her, "Great immortal, welcome to our monastery. But tell me, why should our small and unimportant affairs be of interest to this great teacher?"

"The Tang monk is my disciple," she replied. "And the monkey is his disciple. So this is of interest to me. Now I am ready to bring your precious tree back to life." She led the way into the garden. Master Zhenyuanzi followed her, then the three Stars, Tangseng and his three disciples, and all the other disciples. They all arrived at the garden. They all saw the great tree, lying on its side, with broken branches everywhere.

"Wukong, give me your hand," said Guanyin. He gave her his left hand. Guanyin took a small willow twig, dipped it in the vase, then used it as a brush to draw a magic spell on Sun Wukong's hand. "Now put your hand on tree, near the bottom, and wait." Wukong walked over to the tree and put his hand on one of the broken roots.

Soon, a spring of sweet water began to come up from the ground. Guanyin said, "This is magic water. It should not be touched by fire, water, wood, metal or earth. It must be scooped up by something made of jade. Now push the tree so it is standing upright again, scoop up the magic water with the jade, and pour it on the tree."

One of the disciples said, "We have jade cups for drinking tea, and jade wine glasses. Will that be all right?"

"Cups, glasses, it does not matter. As long as they are jade and can hold water. Now go get them!"

Sun Wukong pushed the tree until it was standing upright. The monastery's disciples ran into the kitchen and came back with thirty jade teacups and fifty jade wine glasses. They all scooped up water in the teacups and wine glasses, and poured it on the base of the tree. Guanyin stood and recited a magic spell. Soon, the tree turned green, with many leaves and new branches. Everyone looked up, and counted twenty three ginseng fruits.

"Why are there twenty three and not twenty two?" asked Clear Breeze.

Sun Wukong said, "Old Monkey tried to take four fruits the other day, but one of them fell into the ground and disappeared. It looks like that one is back on the tree, along with twenty two other fruits. Zhu, you said I kept that fruit for myself, but as you can see, I did not!"

Master Zhenyuanzi was very happy. He asked for the gold mallet, and had ten fruits knocked down. Then he invited everyone to the main hall for a Festival of Ginseng Fruits. Guanyin sat in the place of highest honor. The three Stars were on her left, Tangseng was on the right. The host, Master Zhenyuanzi, sat across from her. Guanyin stood and recited this poem:

> At the cave in Long Life Mountain
> Ginseng fruits ripen every nine thousand years
> The tree was struck down, the roots came out
> But sweet water brings it back to life
> Three Stars meet their old friends
> Four monks find new friends
> Now they have learned to eat the ginseng fruits
> They will live long and never grow old.

Tangseng looked at the ginseng fruit for a long time. Then he slowly opened his mouth and took a small bite. He smiled. "It's very good. I like it!" he said.

Everyone had a wonderful feast, and then, tired, they all slept through the night. The four travelers were ready to leave the next day, but Master Zhenyuanzi had become good friends with Sun Wukong, and they both said they wanted to spend a few days together. Finally, after five more days of feasting, talking and resting, the four travelers said goodbye to their new friends, and continued their journey to the West.

PROPER NOUNS

These are all the Chinese proper nouns used in this book.

Chinese	Pinyin	English
长寿山	Cháng Shòu Shān	Long Life Mountain
东海	Dōng Hǎi	Eastern Ocean
佛	Fú	Buddha
福星	Fúxīng	Star of Blessing (a name)
观音	Guānyīn	Guanyin (a name)
黑风山	Hēi Fēng Shān	Black Wind Mountain
筋斗云	Jīn Dǒu Yún	Cloud Somersault
金箍棒	Jīn Gū Bàng	Golden Hoop Rod
卷帘大将	Juǎn Lián Dà Jiàng	Curtain Raising Captain
老子	Lǎozi	Laozi (a name)
雷音山	Léiyīn Shān	Thunderclap Mountain
禄星	Lù Xīng	Star of Wealth (a name)
明月	Míng Yuè	Bright Moon (a name)
蓬莱	Pénglái	Penglai (an island)
普陀洛伽山	Pǔtuóluò Jiā Shān	Potalaka Mountain
清风	Qīng Fēng	Clear Breeze (a name)
人参果宴会	Rénshēnguǒ Yànhuì	Festival of Ginseng Fruits
三清	Sān Qīng	Three Pure Ones
沙悟净	Shā Wùjìng	Sha Wuking (a name, "Sand Seeking Purity")
寿星	Shòu Xing	Star of Long Life (a name)
四神	Sì Shén	Gods of the Four Quarters
丝绸路	Sīchóu Lù	Silk Road
孙悟空	Sūn Wùkōng	Sun Wukong (a name, "Ape Seeking the Void")
唐僧	Tángsēng	Tangseng (a name, "Tang Monk")

王母娘娘	Wángmǔ Niángniáng	Queen Mother
五庄观	Wǔ Zhuāng Guān	Five Villages
仙桃宴	Xiāntáo Yàn	Festival of the Immortal Peaches
印度	Yìndù	India
与世同君	Yǔ Shì Tóng Jūn	Lord Equal to Earth
镇元子	Zhènyuánzǐ	Master Zhenyuanzi (a name)
猪	Zhū	Zhu (a name, "Pig")
猪悟能	Zhū Wùnéng	Zhu Wuneng (a name, "Pig Awaken to Power")
转轮藏	Zhuǎn Lún Cáng	Wheel of Rebirth

GLOSSARY

These are all the Chinese words (other than proper nouns) used in this book.

A blank in the "First Used" column means that the word is part of our standard 1200 word vocabulary. A number indicates a new word that's not part of the core 1200 words, and which book in the series it is introduced.

Chinese	Pinyin	English	First Used
啊	a	O, ah, what	
爱	ài	love	
爱上	ài shàng	to fall in love	
暗	àn	darkness	7
安静	ānjìng	quietly	
安全	ānquán	safety	
吧	ba	(particle indicating assumption or suggestion)	
拔	bá	to pull	
把	bǎ	(preposition introducing the object of a verb)	
把	bǎ	to bring, to get, to have it done	
把	bǎ	to hold	
把	bǎ	(measure word)	
八	bā	eight	
爸爸	bàba	father	
白	bái	white	
百	bǎi	one hundred	
白天	báitiān	day, daytime	
半	bàn	half	
搬,搬动	bān, bān dòng	to move	

办法	bànfǎ	method	
棒	bàng	rod	
帮, 帮助	bāng, bāngzhù	to help	
半夜	bànyè	midnight	
饱	bǎo	full	
包	bāo	package, to wrap	
抱, 抱住	bào, bào zhù	to hold, to carry	
报仇	bàochóu	revenge	
保护	bǎohù	to protect	
宝石	bǎoshí	gem	
宝座	bǎozuò	throne	
耙子	bàzi	rake	8
被	bèi	(passive particle)	
被	bèi	was being	
倍	bèi	times	9
北	běi	north	
被迫	bèi pò	to be forced	
杯, 杯子	bēi, bēizi	cup	
笨	bèn	stupid	
本	běn	(measure word)	
本, 本来	běn, běnlái	originally	
臂	bì	arm	8
闭	bì	close	
比	bǐ	compared to, than	
笔	bǐ	pen	
闭, 闭上	bì, bì shàng	to shut, to close up	
避, 避开	bì, bìkāi	to avoid	
变	biàn	to change	
边	biān	side	
鞭	biān	whip	10

变出	biàn chū	to create, to generate	
变回	biàn huí	to change back	
变成	biànchéng	to become	
边界	biānjiè	boundary	
别	bié	do not	
别人	biérén	others	
病	bìng	disease	
冰	bīng	ice	
陛下	bìxià	Your Majesty	
必须	bìxū	must, have to	
鼻子	bízi	nose	7
脖子	bózi	neck	9
不	bù	no, not, do not	
簿	bù	ledger book	
不好	bù hǎo	not good	
不会	bú huì	cannot	
不会吧	bú huì ba	no way	
不可能	bù kěnéng	impossible	
不一样	bù yīyàng	different	
不早	bù zǎo	not early	
不久	bùjiǔ	not long ago, soon	
不能	bùnéng	can not	
不是	búshì	no	
不死	bùsǐ	not die (immortal)	
不同	bùtóng	different	
不想	bùxiǎng	do not want to	
不要	búyào	don't want	
不用	búyòng	no need to	
才	cái	only	
菜	cài	dish	

才会	cái huì	will only	
财富	cáifù	wealth	
彩虹	cǎihóng	rainbow	
才能	cáinéng	ability, talent	
猜拳	cāiquán	guess fist (a game)	10
参加	cānjiā	to participate	
蚕丝	cánsī	silk	
草	cǎo	grass	
草地	cǎodì	grassland	
层	céng	(measure word)	
茶	chá	tea	
插	chā	to insert	
叉	chā	fork	
禅	chán	Zen Buddhism	8
长	cháng	long	
唱	chàng	to sing	
场	chǎng	(measure word)	
常常	chángcháng	often	
唱歌	chànggē	singing	
长生	chángshēng	longevity	
长生不老	chángshēng bùlǎo	immortality	
唱着	chàngzhe	singing	
巢	cháo	nest	8
沉	chén	to sink	
成	chéng	to make	
城, 城市	chéng, chéngshì	city	
成, 成为	chéng, chéngwéi	to become	
惩罚	chéngfá	punishment	
成绩	chéngjì	achievement	
成熟	chéngshú	ripe	10

丞相	chéngxiàng	prime minister	
称赞	chēngzàn	to flatter	10
尺	chǐ	Chinese foot	
吃, 吃饭	chī, chīfàn	to eat	
吃掉	chīdiào	to eat up	
吃惊	chījīng	to be surprised	9
吃着	chīzhe	eating	
虫子	chóngzi	insect(s)	
仇	chóu	hatred	
丑	chǒu	ugly	
出	chū	out	
船	chuán	boat	
穿	chuān	to wear	
穿上	chuān shàng	to put on	
床	chuáng	bed	
窗	chuāng	window	
船工	chuángōng	boatman	
创造	chuàngzào	to create	
穿着	chuānzhuó	wearing	
出城	chūchéng	out of town	
厨房	chúfáng	kitchen	
吹	chuī	to blow	
吹起	chuī qǐ	to blow up	
出来	chūlái	to come out	
除了	chúle	except	
春, 春天	chūn, chūntiān	spring	
出去	chūqù	to go out	
出生	chūshēng	born	
出现	chūxiàn	to appear	
次	cì	next in a sequence	

次	cì	(measure word)	
从	cóng	from	
聪明	cōngmíng	clever	
聪明多了	cōngmíng duōle	smart enough	
从头到脚	cóngtóudàojiǎo	from head to foot	
粗	cū	broad, thick	
寸	cùn	Chinese inch	
村	cūn	village	
错	cuò	wrong	
大	dà	big	
打	dǎ	to hit, to play	
大打	dà dǎ	big fight	
大地	dà dì	the earth	
大喊	dà hǎn	to shout	
打坏	dǎ huài	to hit badly, to bash	
大叫	dà jiào	to shout	
大圣	dà shèng	great saint	
大宴	dà yàn	banquet	
打败	dǎbài	to defeat	
大臣	dàchén	minister, court official	
大帝	dàdì	emperor	
打斗	dǎdòu	fight	
大风	dàfēng	strong wind	
大海	dàhǎi	ocean	
大会	dàhuì	general assembly	
带	dài	band	
带	dài	to carry	
带回	dài huí	to bring back	
带上	dài shàng	bring with	
带走	dài zǒu	to take away	

带, 带到	dài, dài dào	to bring	
带路	dàilù	lead the way	
带着	dàizhe	bringing	
戴着	dàizhe	wearing	
大家	dàjiā	everyone	
大将	dàjiàng	general, high ranking officer	
打开	dǎkāi	to open up	
大门	dàmén	front door	
蛋	dàn	egg	
丹	dān	pill or tablet	
但, 但是	dàn, dànshì	but, however	
当	dāng	when	
当然	dāngrán	of course	
担心	dānxīn	to worry	
到	dào	to arrive	
到	dào	to, until	
道	dào	way, path, Daoism	
道	dào	(measure word)	
道	dào	to say	
倒	dǎo	to fall	
刀	dāo	knife	
倒下	dǎo xià	to fall down	
到家	dàojiā	arrive home	
大人	dàrén	adult	
大声	dàshēng	loud	
大师	dàshī	grandmaster	
打算	dǎsuàn	to intend	
大王	dàwáng	king	
大仙	dàxiān	High Immortal	
大字	dàzì	big letters	

地	de	(adverbial particle)	
得	de	(particle after verb)	
的	de	of	
得	dé	(degree or possibility)	
得	dé	(posessive)	
的时侯	de shíhòu	while	
得, 得到	dé, dédào	to get	
的话	dehuà	if	
等, 等着	děng, děng zhe	to wait	
等到	děngdào	to wait until	
灯笼	dēnglóng	lantern	9
等着	děngzhe	to wait for	
地	dì	ground, earth	
帝	dì	emperor	
第	dì	(prefix before a number)	
低	dī	low	
第二	dì èr	second	
第一	dì yī	first	
点	diǎn	point, hour	
店主	diànzhǔ	innkeeper, shopkeeper	
貂鼠	diāo shǔ	mink	8
钓, 钓鱼	diào, diàoyú	to fish	
弟弟	dìdi	younger brother	
地方	dìfāng	local, place	
顶	dǐng	top	
地球	dìqiú	earth	
地上	dìshàng	on the ground	
低头	dītóu	head down	
地狱	dìyù	hell, underworld	
动	dòng	to move	

洞	dòng	cave, hole	
东	dōng	east	
冬天	dōngtiān	winter	
动物	dòngwù	animal	
东西	dōngxi	thing	
都	dōu	all	
读, 读道	dú, dú dào	to read	
段	duàn	(measure word)	
锻炼	duànliàn	to exercise	
对	duì	towards	
对	duì	true, correct	
对骂	duì mà	to scold each other	
对...来说	duì...lái shuō	to or for someone	
对不起	duìbùqǐ	I am sorry	
对着	duìzhe	toward	
朵	duǒ	(measure word for flowers)	8
多	duō	many	
多长	duō cháng	how long?	
多久	duōjiǔ	how long?	
多么	duōme	how	
多少	duōshǎo	how many?	
读书人	dúshūrén	student, scholar	
读着	dúzhe	reading	
肚子	dùzi	belly	
饿	è	hungry	
二	èr	two	
而是	ér shì	instead	
耳, 耳朵	ěr, ěrduǒ	ear	
而且	érqiě	and	
儿子	érzi	son	

发	fà	hair	
发出	fāchū	to send out	
法官	fǎguān	judge	
发光	fāguāng	glowing	
饭	fàn	rice	
翻	fān	to churn	8
反对	fǎnduì	oppose	
犯法	fànfǎ	criminal	8
放	fàng	to put, to let out	
方	fāng	direction	
放回	fàng huí	to put back	
房, 房间	fáng, fángjiān	room	
房, 房子	fang, fángzi	house	
放弃	fàngqì	to give up, surrender	
放下	fàngxià	to put down	
方向	fāngxiàng	direction	
放心	fàngxīn	rest assured	
方丈	fāngzhàng	abbot	
饭碗	fànwǎn	rice bowl	
发现	fāxiàn	to find	
发着	fāzhe	emitting	
飞	fēi	to fly	
飞到	fēi dào	to fly towards	
非常	fēicháng	very much	
飞过	fēiguò	to fly over	
份	fèn	(measure word)	
分	fēn	minute	
风	fēng	wind	
粉红色	fěnhóngsè	pink	
佛	fó	buddha (title)	

佛语	fó yǔ	"Buddha's verse", the Heart Sutra	8
佛法	fófǎ	Buddha's teachings	
佛祖	fózǔ	Buddhist teacher	
妇人	fù rén	a lady	9
附近	fùjìn	nearby	
斧头	fǔtóu	ax	
干	gān	dry, to dry	10
敢	gǎn	to dare	
感, 感到	gǎn, gǎndào	to feel	
刚	gāng	just	
钢	gāng	steel	
刚才	gāng cái	just a moment ago	
钢做的	gāng zuò de	made of steel	
干净	gānjìng	clean	
感觉	gǎnjué	to feel	
感谢	gǎnxiè	to thank	
高	gāo	tall, high	
告诉	gàosu	to tell	
高兴	gāoxìng	happy	
个	gè	(measure word)	
歌	gē	song	
哥哥	gēge	older brother	
给	gěi	to give	
根	gēn	(measure word)	
根	gēn	root	
跟	gēn	with	
跟	gēn	to follow	
根	gēn	root	
更	gēng	watch (2-hour period)	

更, 更多	gèng, gèng duō	more	
宫,宫殿	gong, gōngdiàn	palace	
弓箭	gōngjiàn	bow and arrow	
工人	gōngrén	worker	
工作	gōngzuò	work, job	
股	gǔ	(measure word)	
骨	gǔ	bone	9
箍	gū	ring or hoop	
拐杖	guǎizhàng	staff or crutch	
关	guān	to turn off	
棺材	guāncai	coffin	
光	guāng	light	
光明殿	guāng míng diàn	hall of light, the third eye focus in meditation	9
关心	guānxīn	concern	
关于	guānyú	about	
跪	guì	kneel	
贵	guì	expensive	
鬼, 鬼怪	guǐ, guǐguài	ghost	
贵重	guìzhòng	precious	
过	guò	(after verb, indicates past tense)	
过	guò	past, to pass	
果	guǒ	fruit	
国, 国家	guó, guójiā	country	
过来	guòlái	come	
过去	guòqù	to pass by	
果树	guǒshù	fruit tree	
国王	guówáng	king	
锅子	guōzi	pot	
故事	gùshì	story	

还	hái	still, also	
海	hǎi	ocean	
还有	hái yǒu	also have	
海边	hǎibiān	seaside	
害怕	hàipà	afraid	
还是	háishì	still is	
海中	hǎizhōng	in the sea	
孩子	háizi	child	
喊. 喊叫	hǎn, hǎnjiào	to shout	
行	háng	row or line	
喊叫着	hǎnjiàozhe	shouting	
喊着	hǎnzhe	shouting	
好	hǎo	good	
好吧	hǎo ba	ok	
好吃	hào chī	delicious	
好几天	hǎo jǐ tiān	a few days	
好了	hǎo le	all right	
好看	hǎokàn	good looking	
好像	hǎoxiàng	like	
和	hé	and, with	
河	hé	river	
鹤	hè	crane	
喝, 喝着	hē, hēzhe	to drink	
和...比	hé...bǐ	compare wtih	
黑	hēi	black	
很	hěn	very	
很多	hěnduō	a lot of	
很久	hěnjiǔ	long time	
和平	hépíng	peace	
和尚	héshàng	monk	

喝着	hēzhe	drinking	
红, 红色	hóng, hóngsè	red	
后	hòu	after, back, behind	
猴, 猴子	hóu, hóuzi	monkey	
后来	hòulái	later	
后门	hòumén	back door	
后面	hòumiàn	behind	
画	huà	to paint	
话	huà	word, speak	
化	huà	to melt	10
花	huā	flower	
划掉	huà diào	to cross out	
坏	huài	bad	
怀孕	huáiyùn	pregnant	
画家	huàjiā	painter	
换	huàn	to exchange	
还给	huán gěi	to give back	
黄, 黄色	huáng, huángsè	yellow	
皇帝	huángdì	emperor	
欢迎	huānyíng	welcome	
花园	huāyuán	garden	
回	huí	back	
会	huì	to be able	
会	huì	to meet	
会	huì	will	
慧	huì	intelligent	
挥	huī	to swat	
回到	huí dào	to come back	
回家	huí jiā	to return home	
回答	huídá	to reply	

毁坏	huǐhuài	to smash, to destroy	
回来	huílái	to come back	
回去	huíqù	to go back	
葫芦	húlu	gourd	9
活	huó	to live	
火	huǒ	fire	
或, 或者	huò, huòzhě	or	
火炬	huǒjù	torch	
火盆	huǒpén	brazier	
火焰	huǒyàn	flame	
活着	huózhe	alive	
猢狲	húsūn	ape	
胡子	húzi	moustache	
极	jí	extremely	
几	jǐ	several	
鸡	jī	chicken	
记, 记住	jì, jì zhù	to remember	
加	jiā	plus	
家	jiā	family, home	
件	jiàn	(measure word)	
剑	jiàn	sword	
见, 见面	jiàn, jiànmiàn	to see, to meet	
检查	jiǎnchá	examination	
简单	jiǎndān	simple	
讲	jiǎng	to speak	
讲课	jiǎngkè	lecture	
见过	jiànguò	seen it	
叫	jiào	to call, to yell	
脚	Jiǎo	foot	
脚指	jiǎo zhǐ	toe	

教,教会	jiāo, jiāohuì	to teach	
叫做	jiàozuò	called	
级别	jíbié	level or rank	
继承	jìchéng	to inherit	9
记得	jìdé	to remember	
节	jié	festival	
借	jiè	to borrow	
接	jiē	to meet	
街道	jiēdào	street	
结婚	jiéhūn	to marry	
解决	jiějué	to solve, settle, resolve	
姐妹	jiěmèi	sisters	
节日	jiérì	festival	
介绍	jièshào	Introduction	
结束	jiéshù	end, finish	
几乎	Jīhū	almost	
季节	jìjié	season	
进	jìn	to enter	
紧	jǐn	tight, close	
金钢套	jīn gāng tào	gold steel armlet	
进进出出	jìn jìn chū chū	go in and out	
今晚	jīn wǎn	tonight	
金,金子	jīn, jīnzi	gold	
筋斗云	jīndǒu yún	cloud somersault	
井	jǐng	well	7
精	jīng	spirit	
经	jīng	through	
经常	jīngcháng	often	
经过	jīngguò	after, through	
经历	jīnglì	experience	

进来	jìnlái	to come in	
今天	jīntiān	today	
金星	jīnxīng	Venus	
就	jiù	just, right now	
旧	jiù	old	
久	jiǔ	long	
九	jiǔ	nine	
酒	jiǔ	wine, liquor	
就会	jiù huì	will be	
就要	jiù yào	about to, going to	
就这样	jiù zhèyàng	that's it, in this way	
酒店	jiǔdiàn	hotel	
就是	jiùshì	just is	
继续	jìxù	to continue	
纪元	jìyuán	era, epoch	
举	jǔ	to lift	
嚼	jué	to chew	
觉得	juédé	to feel	
决定	juédìng	to decide	
觉悟	juéwù	enlightenment	
鞠躬	jūgōng	to bow down	
咀嚼	jǔjué	to chew	
军队	jūnduì	army	
举行	jǔxíng	to hold	
句子	jùzi	sentence	
开	kāi	to open	
开门	kāimén	open the door	
开始	kāishǐ	to start	
开心	kāixīn	happy	
开着	kāizhe	being open	

砍	kǎn	to cut	
看不见	kàn bújiàn	look but can't see	
看, 看着	kàn, kànzhe	to look	
看到	kàndào	to see	
看见	kànjiàn	to see	
看了看	kànlekàn	to take a look	
看起来	kànqǐlái	looks like	
烤	kǎo	to bake	
考试	kǎoshì	examination	
渴	kě	thirsty	
棵	kē	(measure word)	
颗	kē	(measure word)	
可爱	kě'ài	lovely, cute	
可能	kěnéng	maybe	
可怕	kěpà	frightening	
客人	kèrén	guests	
磕头	kētóu	to kowtow	8
可以	kěyǐ	can	
空	kōng	air, void, emptiness	
口	kǒu	(measure word)	
口	kǒu	mouth	
库	kù	warehouse	
哭声	kū shēng	a crying sound	
哭, 哭着	kū, kūzhe	to cry	
块	kuài	(measure word)	
快	kuài	fast	
快乐	kuàilè	happy	
快要	kuàiyào	coming soon	
宽	kuān	width	
盔甲	kuījiǎ	armor	

164

苦力	kǔlì	coolie, unskilled laborer	8
捆	kǔn	bundle	8
捆住	kǔn zhù	to tie up	
哭着	kūzhe	crying	
拉	lā	to pull down	
来	lái	to come	
来到	lái dào	came	
来说	lái shuō	for example	
来自	láizì	from	
蓝	lán	blue	
狼	láng	wolf	7
栏杆	lángān	railing	
老	lǎo	old	
老虎	lǎohǔ	tiger	
老话	lǎohuà	old saying	
老师	lǎoshī	teacher	
老死	lǎosǐ	die of old age	
了	le	(indicates completion)	
乐	lè	fun	
雷电	lédiàn	lightning	
累	lèi	tired	
雷声	léi shēng	thunder	
冷	lěng	cold	
离	lí	from	
立	lì	stand	
里	lǐ	Chinese mile	
里	lǐ	inside	
连	lián	to connect	
脸	liǎn	face	
连在一起	lián zài yīqǐ	connected together	

亮	liàng	bright	
两	liǎng	two	
练习	liànxí	to exercise	
厉害	lìhài	amazing	
厉害	lìhài	powerful	
离婚	líhūn	divorce	8
离开	líkāi	to go away	
里面	lǐmiàn	inside	
另	lìng	another	
灵魂	línghún	soul	
邻居	línjū	neighbor	
六	liù	six	
柳	liǔ	willow	10
留, 留下	liú, liú xià	to stay	
流, 流向	liú, liúxiàng	to flow	
留下	liúxià	to keep, to leave behind, to remain	
礼物	lǐwù	gift	
龙	lóng	dragon	
龙王	lóngwáng	dragon king	
楼	lóu	floor	
路	lù	road	
鹿	lù	deer	
绿	lǜ	green	
轮	lún	wheel	
路上	lùshàng	on the road	
旅途	lǚtú	journey	
吗	ma	(indicates a question)	
骂	mà	to scold	
马	mǎ	horse	

麻烦	máfan	trouble	
卖	mài	to sell	
买	mǎi	to buy	
妈妈	māma	mother	
慢	màn	slow	
忙	máng	busy	
满意	mǎnyì	satisfy	
猫	māo	cat	
帽, 帽子	mào, màozi	hat	
毛笔	máobǐ	writing brush	
毛发	máofà	hair	
马上	mǎshàng	immediately	
马桶	mǎtǒng	chamber pot	8
没	méi	not	
每	měi	every	
美	měi	handsome, beautiful	
没问题	méi wèntí	no problem	
每一家	měi yījiā	every family	
没关系	méiguānxì	it's ok, no problem	
美好	měihǎo	beautiful	
美丽	měilì	beautiful	
媒人	méirén	matchmaker	8
没事	méishì	nothing, no problem	
每天	měitiān	every day	
没有	méiyǒu	don't have	
没有用	méiyǒu yòng	useless	
们	men	(indicates plural)	
门	mén	door	
梦	mèng	dream	
米	mǐ	rice	

面	miàn	side	
面对面	miànduìmiàn	face to face	
面前	miànqián	in front	
庙	miào	temple	
灭	miè	to put out (a fire)	7
米饭	mǐfàn	cooked rice	
秘密	mìmì	secret	
明	míng	bright	
名, 名字	míng, míngzì	name	
明白	míngbái	to understand	
明天	míngtiān	tomorrow	
墨	mò	ink	
魔, 魔法	mó, mófǎ	magic	
魔鬼	móguǐ	devil	
木头	mù tou	wood	
母猪	mǔ zhū	a sow	8
木板	mùbǎn	plank, board	
拿	ná	to take	
那	nà	that	
拿出	ná chū	to take out	
那次	nà cì	that time	
拿到	ná dào	taken	
拿开	ná kāi	to take away	
拿来	ná lái	to bring	
拿起	ná qǐ	to pick up	
拿起来	ná qǐlái	pick up	
那时候	nà shíhòu	at that time	
拿下	ná xià	remove	
拿走	ná zǒu	take away	
哪, 哪儿	nǎ, nǎ'er	where?	

那个	nàgè	that one	
奶奶	nǎinai	grandmother	
那里	nàlǐ	there	
哪里	nǎlǐ	where?	
那么	nàme	so then	
南	nán	south	
男	nán	male	
难	nán	difficult	
南瓜	nánguā	pumpkin	
难过	nánguò	to be sad or sorry	
男孩	nánhái	boy	
男人	nánrén	man	
那些	nàxiē	those	
那样	nàyàng	that way	
拿着	názhe	holding it	
呢	ne	(indicates question)	
那天	nèitiān	that day	
能	néng	can	
你	nǐ	you	
你好	nǐ hǎo	hello	
年	nián	year	
念	niàn	read	
念佛	niànfó	to practice Buddhism	
年纪	niánjì	age	
年龄	niánlíng	age	
年轻	niánqīng	young	
尿	niào	urine	
鸟	niǎo	bird	
您	nín	you (respectful)	
牛	niú	cow	

怒	nù	angry	
女	nǚ	female	
女儿	nǚ'ér	daughter	
爬	pá	to climb	
怕	pà	afraid	
拍	pāi	to smack	
拍手	pāishǒu	to clap hands	
牌子	páizi	sign	
胖	pàng	fat	
旁边	pángbiān	next to	
盘子	pánzi	plate	
泡	pào	bubble	
跑	pǎo	to run	
盆	pén	pot	
棚屋	péng wū	hut, shack	
朋友	péngyǒu	friend	
皮	pí	leather, skin	
匹	pǐ	(measure word)	
漂	piāo	to drift	
漂亮	piàoliang	beautiful	
屁股	pìgu	butt, rear end	7
瓶, 瓶子	píng, píngzi	bottle	
瀑布	pùbù	waterfall	
仆人	púrén	servant	
菩萨	púsà	bodhisattva, buddha	
葡萄酒	pútáojiǔ	wine	
普通	pǔtōng	ordinary	
其	qí	its	
棋	qí	chess	
骑	qí	to ride	

气	qì	gas, air, breath	
起	qǐ	from, up	
七	qī	seven	
前	qián	in front	
钱	qián	money	
千	qiān	thousand	
千山万水	qiān shān wàn shuǐ	thousands of miles	
前一天	qián yītiān	the day before	
墙	qiáng	wall	7
强大	qiángdà	powerful	
强盗	qiángdào	bandit	
前面	qiánmiàn	in front	
桥	qiáo	bridge	
起床	qǐchuáng	to get up	
旗杆	qígān	flagpole	
奇怪	qíguài	strange	
起来	qǐlái	(after verb, indicates start of an action)	
起来	qǐlái	to stand up	
亲爱	qīn'ài	dear	
请	qǐng	please	
轻	qīng	lightly	
轻风	qīng fēng	soft breeze	
轻声	qīng shēng	speak softly	
清楚	qīngchǔ	clear	
情况	qíngkuàng	situation	
青蛙	qīngwā	frog	7
请问	qǐngwèn	excuse me	
亲戚	qīnqi	relative(s)	9
其实	qíshí	in fact	

其他	qítā	other	
球	qiú	ball	
秋, 秋天	qiū, qiūtiān	autumn	
旗子	qízi	flag	
妻子	qīzi	wife	
去	qù	to go	
取	qǔ	to take	10
去过	qùguò	have been to	
群	qún	group or cluster	
去年	qùnián	last year	
让	ràng	to let, to cause	
然后	ránhòu	then	
热	rè	hot	
人	rén	person, people	
认出	rèn chū	recognize	
扔	rēng	to throw	
任何	rènhé	any	7
人间	rénjiān	human world	
人们	rénmen	people	
人参	rénshēn	ginseng	10
认识, 认得	rènshì, rèndé	to know someone	
认为	rènwéi	to believe	
认真	rènzhēn	serious	
容易	róngyì	easy	
荣誉	róngyù	honor	
肉	ròu	meat	
入	rù	into	
如果	rúguǒ	if, in case	
伞	sǎn	umbrella	8
三	sān	three	

卅	sānshí	thirty (ancient word)	
色	sè	(indicates color)	
僧, 僧人	sēng, sēngrén	monk	
森林	sēnlín	forest	
杀	shā	to kill	
扇	shàn	(measure word for a door)	8
山	shān	mountain	
山脚下	shān jiǎoxià	at the foot of the mountain	
山顶	shāndǐng	mountaintop	
山洞	shāndòng	cave	
上	shàng	on, up	
伤到	shāng dào	to hurt	
上一次	shàng yīcì	last time	
商店	shāngdiàn	store	
伤害	shānghài	to hurt	
上课	shàngkè	go to class	
上面	shàngmiàn	above	
上去	shàngqù	to go up	
上山	shàngshān	up the mountain	
上天	shàngtiān	heaven	
伤心	shāngxīn	sad	
山上	shānshàng	on mountain	
少	shǎo	less	
烧	shāo	to burn	
蛇	shé	snake	
深	shēn	deep	
神, 神仙	shén, shénxiān	spirit, god	
身边	shēnbiān	around	
圣	shèng	sage	
圣僧	shèng sēng	holy monk, Bodhisattva	9

声, 声音	shēng, shēngyīn	sound	
生病	shēngbìng	sick	
生活	shēnghuó	life, to live	
生命	shēngmìng	life	
生气	shēngqì	angry	
圣人	shèngrén	saint, holy sage	
生日	shēngrì	birthday	
圣僧	shèngsēng	senior monk	
生物	shēngwù	animal, creature	
绳子	shéngzi	rope	
什么	shénme	what?	
神奇	shénqí	magic	
身上	shēnshang	on one's body	
身体	shēntǐ	body	
神仙	shénxiān	immortal	
十	shí	ten	
时	shí	time	
是	shì	is, yes	
试	shì	to taste, to try	
诗	shī	poetry	
是不是	shì búshì	is or is not?	
时来时去	shí lái shí qù	come and go	
试试	shì shì	to try	
十万	shí wàn	one hundred thousand	
石箱	shí xiāng	stone box	
是, 是的	shì, shìde	yes	
事, 事情	shì, shìqíng	thing	
石, 石头	shí, shítou	stone	
食, 食物	shí, shíwù	food	
师父	shīfu	master	

174

诗歌	shīgē	poetry	
时候	shíhòu	time, moment, period	
时间	shíjiān	time, period	
世界	shìjiè	world	
尸体	shītǐ	corpse	
侍卫	shìwèi	guard	
狮子	shīzi	lion	10
瘦	shòu	thin	
手	shǒu	hand	
首	shǒu	(measure word)	
手中	shǒu zhōng	in hand	
手帕	shǒupà	handkerchief	8
受伤	shòushāng	injured	
手指	shǒuzhǐ	finger	
束	shù	bundle	
树	shù	tree	
数	shù	to count	10
书	shū	book	
输	shū	to lose	
双	shuāng	(measure word)	
双	shuāng	a pair	
霜	shuāng	frost	
舒服	shūfú	comfortable	
谁	shuí	who	
睡	shuì	to sleep	
水	shuǐ	water	
睡不着	shuì bùzháo	can't sleep	
水果	shuǐguǒ	fruit	
睡觉	shuìjiào	to go to bed	
睡着	shuìzháo	asleep	

睡着	shuìzhe	sleeping	
树林	shùlín	forest	
树木	shùmù	trees	
说	shuō	to say	
说不出话	shuō bu chū huà	speechless	
说完	shuō wán	finish telling	
说, 说话	shuō, shuōhuà	to speak	
说过	shuōguò	said	
舒适	shūshì	comfortable	
四	sì	four	
寺	sì	temple	
死	sǐ	dead	
丝	sī	silk thread	
思	sī	to think	
丝绸	sīchóu	silk sheets	9
死去	sǐqù	die	
死去的	sǐqù de	dead	
四周	sìzhōu	around	
送, 送给	sòng, sòng gěi	to give a gift	
素	sù	vegetable	
碎	suì	to break up	8
岁	suì	years of age	
虽然	suīrán	although	
锁	suǒ	to lock	7
所以	suǒyǐ	so, therefore	
所有	suǒyǒu	all	
塔	tǎ	tower	
他	tā	he, him	
她	tā	she, her	
它	tā	it	

抬	tái	to lift	
太	tài	too	
太多	tài duō	too much	
抬头	táitóu	to look up	
太阳	tàiyáng	sunlight	
他们	tāmen	they (male)	
她们	tāmen	they (female)	
谈	tán	to talk	
弹	tán	to bounce	8
糖	táng	sugar	
汤	tāng	soup	
套	tào	armlet, loop	
桃, 桃子	táo, táozi	peach	
逃跑	táopǎo	to escape	
淘气	táoqì	naughty	
特别	tèbié	special	
剃	tì	to shave	
甜	tián	sweet	
舔	tiǎn	to lick	
天	tiān	day, sky	
天法	tiān fǎ	heaven's law	
天地	tiāndì	heaven and earth	
天宫	tiāngōng	palace of heaven	
天气	tiānqì	weather	
天上	tiānshàng	heaven	
天下	tiānxià	under heaven	
条	tiáo	(measure word)	
跳	tiào	to jump	
跳起来	tiào qǐlái	to jump up	
跳入	tiào rù	to jump in	

跳出	tiàochū	to jump out	
跳舞	tiàowǔ	to dance	
跳着	tiàozhe	dancing	
铁	tiě	iron	
铁桥	tiě qiáo	iron bridge	
听	tīng	to listen	
听到	tīng dào	heard	
听说	tīng shuō	it is said that	
同	tóng	same	
铜	tóng	copper	
痛	tòng	pain	
铜水	tóng shuǐ	liquid copper	
痛苦	tòngkǔ	suffering	
同意	tóngyì	to agree	
头	tóu	head	
头发	tóufǎ	hair	
吐	tǔ	to spit out	
土	tǔ	dirt	
徒弟	túdì	apprentice	
土地	tǔdì	land	
土地神	tǔdì shén	local earth spirit	
推	tuī	to push	
拖	tuō	to drag	
脱	tuō	to remove (clothing)	
突然	túrán	suddenly	
外	wài	outside	
外公	wàigōng	maternal grandfather	
外面	wàimiàn	outside	
完	wán	to finish	
玩	wán	to play	

万	wàn	ten thousand	
晚	wǎn	late, night	
碗	wǎn	bowl	
弯	wān	to bend	
晚些时候	wǎn xiē shíhòu	later	
晚安	wǎn'ān	good night	
完成	wánchéng	to complete	
晚春	wǎnchūn	late spring	
弯刀	wāndāo	scimitar, machete	
晚饭	wǎnfàn	dinner	
王	wáng	king	
往	wǎng	to	
网	wǎng	net, network	
忘, 忘记	wàng, wàngjì	to forget	
晚上	wǎnshàng	evening	
玩着	wánzhe	playing	
为	wèi	for	
位	wèi	(measure word)	
喂	wèi	to feed	
尾巴	wěibā	tail	
未来	wèilái	future	
为了	wèile	in order to	
为什么	wèishénme	why	
危险	wéixiǎn	danger	
问	wèn	to ask	
闻,闻到	wén, wéndào	smell	
文书	wénshū	written document	
问题	wèntí	question, problem	
我	wǒ	I, me	
我的	wǒ de	mine	

我们	wǒmen	we, us	
悟	wù	understanding	
五	wǔ	five	
舞	wǔ	to dance	
无法无天	wúfǎwútiān	lawless	
巫婆	wūpó	witch	7
武器	wǔqì	weapon	
无用	wúyòng	useless	
西	xi	west	
洗	xǐ	to wash	
吸	xī	to suck, to absorb	
溪	xī	stream	
下	xià	down, under	
下棋	xià qí	play chess	
下雨	xià yǔ	rain	
下来	xiàlái	down	
下面	xiàmiàn	underneath	
仙	xiān	immortal, celestial being	
先, 先是	xiān, xiānshi	first	
像	xiàng	like	
像	xiàng	to resemble	
向	xiàng	towards	
想	xiǎng	to want, to miss, to think of	
箱	xiāng	box	
香	xiāng	fragrant (adj), incense (n)	
向下抓	xiàng xià zhuā	to grab downward	
想要	xiǎng yào	to want	
想, 想着	xiǎng, xiǎngzhe	to miss, to think	
乡村	xiāngcūn	rural	
想到	xiǎngdào	to think	

想法	xiǎngfǎ	thought	7
想起	xiǎngqǐ	to recall	
向上	xiàngshàng	upwards	
相信	xiāngxìn	to believe, to trust	
鲜花	xiānhuā	fresh flowers	
仙女	xiānnǚ	fairy, female immortal	
先生	xiānshēng	mister	
现在	xiànzài	just now	
笑	xiào	to laugh	
小	xiǎo	small	
小的时候	xiǎo de shíhòu	when was young	
小名	xiǎo míng	nickname	
小孩	xiǎohái	child	
小河	xiǎohé	small river	
笑了起来	xiàole qǐlái	laughed	
小时	xiǎoshí	hour	
小偷	xiǎotōu	thief	10
小心	xiǎoxīn	to be careful	
笑着	xiàozhe	smiling	
小字	xiǎozì	small print	
夏天	xiàtiān	summer	
下午	xiàwǔ	afternoon	
谢	xiè	to thank	
写	xiě	to write	
些	xiē	some	
鞋, 鞋子	xié, xiézi	shoe	
谢谢	xièxiè	thank you	
写着	xiězhe	written	
喜欢	xǐhuan	to like	
信	xìn	letter	

心	xīn	heart	
新	xīn	new	
新来的	xīn lái de	newcomer	
行	xíng	to travel	
行	xíng	capable	
姓	xìng	surname	
星	xīng	star	
醒, 醒来	xǐng, xǐng lái	to wake up	
幸福	xìngfú	happy	
行李	xínglǐ	baggage	
星期	xīngqí	week	
兴趣	xìngqù	interest	
性子	xìngzi	temper	
心跳	xīntiào	heartbeat	
心愿	xīnyuàn	wish	
熊	xióng	bear	
胸	xiōng	chest	
兄弟	xiōngdì	brother	
绣	xiù	embroidered	
休息	xiūxí	to rest	
袖子	xiùzi	sleeve	10
希望	xīwàng	to hope	
洗澡	xǐzǎo	to bathe	
选	xuǎn	to select	
悬崖	xuányá	cliff	8
许多	xǔduō	many	
雪	xuě	snow	
血	xuè, xuě	blood	
学, 学习	xué, xuéxí	to learn	
学会	xuéhuì	to learn	

学生	xuéshēng	student	
学校	xuéxiào	school	
学着	xuézhe	learning	
需要	xūyào	to need	
牙	yá	tooth	
沿	yán	along	
烟	yān	smoke	7
羊	yáng	sheep	
阳	yáng	masculine principle in Taoism	9
养	yǎng	to support	
养育	yǎngyù	nurture	
样子	yàngzi	to look like, appearance	
宴会	yànhuì	banquet	
眼睛	yǎnjīng	eye(s)	
颜色	yánsè	color	
药	yào	medicine	
要	yào	to want	
咬	yǎo	to bite, to sting	
腰	yāo	waist, small of back	
妖仙	yāo xiān	immortal demon	
要饭	yàofàn	to beg	
妖怪	yāoguài	monster	
要求	yāoqiú	to request	
钥匙	yàoshi	key	8
叶	yè	leaf	
夜	yè	night	
页	yè	page	
也	yě	also	
夜里	yèlǐ	at night	

也是	yěshì	also too	
爷爷	yéyé	paternal grandfather	
一	yī	one	
一百多种	yī bǎi duō zhǒng	hundreds of kinds	
一开始	yī kāishǐ	at the beginning	
一下	yí xià	a short, quick action	
衣, 衣服	yī, yīfu	clothes	
一百多年	yībǎi duō nián	a century or so	
一般	yībān	commonly	
一边	yībiān	on the side	
一次	yīcì	once	
一点, 一点儿	yīdiǎn, yī diǎn er	a little	
一定	yīdìng	for sure	
一共	yígòng	altogether	
以后	yǐhòu	after	
一会儿	yīhuǐ'er	for a little while	
已经	yǐjīng	already	
一块	yíkuài	piece	
一路	yílù	throughout a journey	
一面	yímiàn	one side	
银	yín	silver	
阴	yīn	feminine principle in Taoism	9
赢	yíng	to win	
硬	yìng	hard	10
鹰	yīng	hawk	
应该	yīnggāi	should	
隐士	yǐnshì	hermit	
因为	yīnwèi	because	
音乐	yīnyuè	music	

一起	yīqǐ	together	
以前	yǐqián	before	
一生	yīshēng	lifetime	
医生	yīshēng	doctor	
意思	yìsi	meaning	
一天	yītiān	one day	
一下	yíxià	a little bit	
一些	yīxiē	some	
一样	yīyàng	same	
一直	yīzhí	always	
椅子	yǐzi	chair	
用	yòng	to use	
油	yóu	oil	
游	yóu	to swim, to tour	
又	yòu	also	
右	yòu	right	
有	yǒu	to have	
忧	yōu	worry	
有没有	yǒu méiyǒu	have or don't have	
又是	yòu shì	again	
有一天	yǒu yītiān	one day	
游走	yóu zǒu	to walk around	
有点	yǒudiǎn	a little bit	
游过	yóuguò	to swim across/through	
友好	yǒuhǎo	friendly	
有力	yǒulì	powerful	
有名	yǒumíng	famous	
有人	yǒurén	someone	
有事	yǒushì	has something	
游戏	yóuxì	game	

有些	yǒuxiē	some	
有意思	yǒuyìsi	Interesting	
游泳	yóuyǒng	swim	
有用	yǒuyòng	useful	
鱼	yú	fish	
语	yǔ	language	
雨	yǔ	rain	
园	yuán	garden	
远	yuǎn	far	
园工	yuán gōng	garden worker	
原谅	yuánliàng	to forgive	
愿意	yuànyì	willing	
遇, 遇到	yùdào	encounter, meet	
越	yuè	more	
月, 月亮	yuè, yuèliàng	moon	
月光	yuèguāng	moonlight	
愉快	yúkuài	happy	
云	yún	cloud	
运气	yùnqì	luck	8
欲望	yùwàng	desire	9
再	zài	again	
在	zài	in, at	
再一次	zài yícì	one more time	
再次	zàicì	once again	
再见	zàijiàn	goodbye	
脏	zāng	dirty	
造	zào	to make	
早	zǎo	early	
早饭	zǎofàn	breakfast	
早上	zǎoshàng	morning	

怎么	zěnme	how	
怎么办	zěnme bàn	how to do	
怎么样	zěnme yàng	how about it?	
怎么了	zěnmele	what happened	
怎样	zěnyàng	how	
眨	zhǎ	to blink	
摘	zhāi	to pick	
站	zhàn	to stand	
战斗	zhàndòu	to fight	
长	zhǎng	grow	
张	zhāng	(measure word)	
长大	zhǎng dà	to grow up	
张开	zhāng kāi	open	
丈夫	zhàngfū	husband	
站住	zhànzhù	stop	
照	zhào	according to	
找	zhǎo	to search for	
找不到	zhǎo bú dào	search but can't find	
找到	zhǎodào	found	
照顾	zhàogù	to take care of	
找过	zhǎoguò	have looked for	
着	zhe	(aspect particle)	
着	zhe	with	
这	zhè	this	
这次	zhè cì	this time	
这是	zhè shì	this is	
这位	zhè wèi	this one	
这一次	zhè yīcì	this time	
这儿	zhè'er	here	
这个	zhège	this one	

这里	zhèlǐ	here	
这么	zhème	such	
阵	zhèn	(measure word)	
枕	zhěn	pillow	
针	zhēn	needle	
真, 真的	zhēn, zhēn de	really!	
正, 正在	zhèng, zhèngzài	(-ing)	
正好	zhènghǎo	just right	
针灸师	zhēnjiǔ shī	acupuncturist	
真相	zhēnxiàng	the truth	
珍珠	zhēnzhū	pearl	
这些	zhèxiē	these	
这样	zhèyàng	such	
直	zhí	straight	
只	zhǐ	only	
指	zhǐ	to point	
纸	zhǐ	paper	
支	zhī	(measure word)	
枝	zhī	branch	
只能	zhǐ néng	can only	
智, 智慧	zhì, zhìhuì	wisdom	
直到	zhídào	until	
知道	zhīdào	to know something	
只是	zhǐshì	just	
只要	zhǐyào	as long as	
只有	zhǐyǒu	only	
侄子	zhízi	nephew	
重	zhòng	heavy	
众	zhòng	(measure word)	
种	zhǒng	(measure word)	

种	zhǒng	species	
中	zhōng	in	
种地	zhòng dì	farming	9
中国	zhōngguó	China	
中间	zhōngjiān	middle	
重要	zhòngyào	important	
终于	zhōngyú	at last	
洲	zhōu	continent	
州长	zhōuzhǎng	governor	
住	zhù	to live	
柱	zhù	pillar	10
主	zhǔ	lord	
住在	zhù zài	to live at	
抓起来	zhuā qǐlái	catch up	
抓, 抓住	zhuā, zhuā zhù	to arrest, to grab	
幢	zhuàng	(measure word)	
幢	zhuàng	(measure word)	
状元	zhuàngyuán	champion, first place winner	
转身	zhuǎnshēn	turned around	
爪子	zhuǎzi	claws	7
准备	zhǔnbèi	ready, prepare	
桌, 桌子	zhuō, zhuōzi	table	
主人	zhǔrén	host, master	
注意	zhùyì	pay attention to	
主意	zhǔyì	idea	
字	zì	written character	
紫	zǐ	purple	
字牌	zì pái	a sign with words	
自己	zìjǐ	oneself	
自己的	zìjǐ de	my own	

总是	zǒng shì	always	
走	zǒu	to go, to walk	
走错	zǒu cuò	to walk the wrong way	
走近	zǒu jìn	to approach	
走开	zǒu kāi	go away	
走出	zǒuchū	to go out	
走动	zǒudòng	to walk around	
走路	zǒulù	to walk down a road	
走向	zǒuxiàng	to walk to	
钻石	zuànshí	diamond	
最	zuì	the most, the best	
醉	zuì	drunk	
嘴	zuǐ	mouth	
最后	zuìhòu	at last, final	
最近	zuìjìn	recently	
座	zuò	(measure word)	
坐	zuò	to sit	
做	zuò	to do	
左	zuǒ	left	
做得对	zuò dé duì	did it right	
昨天	zuótiān	yesterday	
祖师	zǔshī	founder, great teacher	
阻止	zǔzhǐ	to stop	9

ABOUT THE AUTHORS

Jeff Pepper has worked for thirty years in the computer software business, where he has started and led several successful tech companies, authored two software related books, and was awarded three U.S. software patents. In 2017 he started Imagin8 Press (www.imagin8press.com) to serve English-speaking students of Chinese.

Xiao Hui Wang is a native Chinese speaker born in China. She came to the United States for studies in biomedical neuroscience and medical imaging, and has more than 25 years of experience in academic and clinical research. She has been teaching Chinese for more than 10 years, with extensive experience in translation English to Chinese as well as Chinese to English.

Made in the USA
Middletown, DE
18 October 2020